イスラエル考古学の魅力

サブラと遺跡と湖と

牧野久実

ミルトス

はじめに

イスラエルのガリラヤ湖（キネレト湖）周辺で発掘調査を続けていた私が、ふとした縁で滋賀県立琵琶湖博物館の開設準備に携わることになったのは、今から一五年近く前のことである。滋賀は初めてだった私は、ある日琵琶湖観光に出かけて驚いた。まるで、ガリラヤ湖に戻ったような錯覚を持つほど、よく似た光景が目の前に広がっていたからである。港、船、漁師、湖岸で遊ぶ人びと、バーベキューのかおり。以来、私の頭の中には、ガリラヤ湖と琵琶湖、イスラエルと日本という二つの地域と文化が常に行き来していた。

比較することで浮かび上がるのは、双方の類似点と相違点。これらを総合しながら、異文化を知り、また自らの文化を知る。本書の目的はこの点にある。サブラ（イスラエル生まれのイスラエル人を呼ぶ愛称である）を知り、そのルーツを遺跡に探り、また琵琶湖という新たな視点も得る中で、思うままに書き綴ったものが季刊、および月刊「みるとす」

誌上に『イスラエル考古学体験記』として掲載された。それらを今回まとめていただくことができた。

考古学は身体と頭と感性を同時に発揮させなければならない学問である。とりわけ、暑さ厳しいイスラエルの夏に、滝のように汗を流しながら埃にまみれる姿は、決して格好の良いものではないかもしれない。しかし、時折、土の中から顔を出す古代の遺物は、それがどんな小さなかけらにすぎなくても、時代を越えたすばらしい出会いの瞬間である。また、考古学は一人ではできない学問である。周辺分野の多くの研究者やボランティア、世話役などに支えながら、協力して進めていかねばならない。遺跡はまさに時空を超えた出会いの場である。文部省科学研究費及び文部科学省科学研究費の助成によって約一五年間続いたガリラヤ湖東岸エンゲヴ遺跡調査は、私に実に多くの人やモノとの出会いの機会を与えてくれた。

昨年（二〇〇六年）、エンゲヴ遺跡の発掘調査は終了した。また、琵琶湖博物館は開館一〇周年を迎えた。区切りの時期に出版の機会を得ることができたことを幸運に思うとともに、一人でも多くの方に異文化を知ることの驚きと楽しさを知っていただきたいと願う。

イスラエル考古学の魅力／目次

イスラエル考古学の魅力

見知らぬ国での発掘調査
――イスラエルの発掘生活を体験

私がイスラエルと関わるようになったのは一九八七年の夏のことである。

ある日、指導教授が研究室に私を呼んでこう言った。「あなた、イスラエルで発掘調査に参加する気はありませんか？」

小川英雄先生は、一九六四年に日本が初めてイスラエルで行なったテル・ゼロールの発掘調査に参加し、以来、この分野の研究に取り組まれてこられた。先生によると、政情の悪化から一九七四年を最後に中断していた調査を再開する計画があるという。「そこで、あなたにその準備のため、まずはボランティアとしてイスラエルの発掘調査に参加して欲しいのだが……」

当時、私は大学院で民族学・考古学を専攻していたが、修士論文は古代イラクの古文書に関するものであった。その上、イスラエルについてはほとんど何も知らなかった。しかし、現地でのフィールドワークは何よりも魅力的だった。「わかりました」と、即答した。私はただ好奇心でいっぱいだった。ベドウィンの居る砂漠、そのオアシスに今も残るエリコの廃虚、何千年もの間世界各地を放浪したユダヤ人。イスラエルの政治状況や両親の心配を思う以上に私の興味は強かった。

真夏に発掘するわけ

そんなわけで、数枚のTシャツ、日除け帽、サングラス、蚊取り線香などをトランクにつめて出かけることになった。イスラエルでは最も暑い七月上旬のことである。

イスラエルの発掘調査のほとんどは夏季に行なわれる。場所によっては四〇度にまで気温が上がる苛酷な時期をわざわざ選ぶにはそれなりの理由がある。調査に必要な労働力の大半を海外からのボランティアに頼っているからである。したがって、海外の研究者や、学生、一般人の休暇中に当たる夏季に発掘調査が集中する。春にはアメリカから出版されている一般向けの「聖書考古学レヴュー」(*"Biblical Archaeology Review,"* Washington D.C.)という雑誌にイスラエル各地の遺跡と調査案内が掲載されるが、このような情報をもとに世界各地から研究者やボランティアたちが集まって来る。だから、イスラエルの発掘現場では様々な国の人々に出会う。

人間関係が大切

初めて参加したのは、テルアビブ大学のモシェ・コハビ教授が指揮するガリラヤ湖東岸の発掘調査、ゲシュル・プロジェクトであった。この地域の数カ所の遺跡を同時に発掘することで地域全体の歴史を明らかにしようというもので、アメリカ、フィンランド、そしてポーランドからの共同研究者とボランティアが加わっていた。これにイスラエル人スタッフを合わせると総勢一〇〇名近くにもなる。

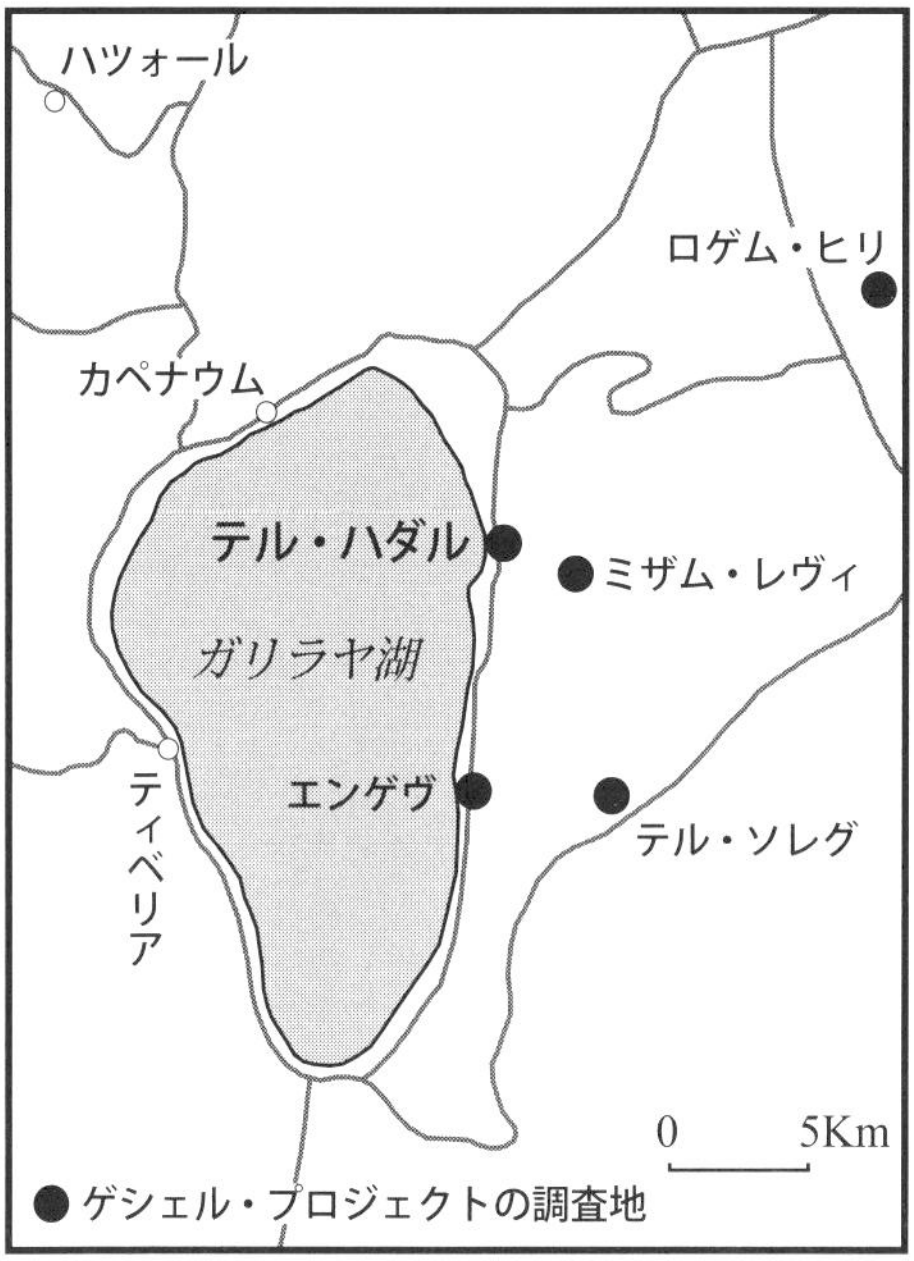

ちょっと聞くと暖かい国際交流の場というような印象をもつが、これが必ずしもそう甘いものではない。なにせ、これだけの多くの

異なる文化的背景を持つ人々が一〜二カ月と長期にわたって生活を共にするうえに、キャンプ生活をしながらの発掘調査という肉体的にも精神的にも苛酷な状況である。考え方の違いやストレスからか、時には言い争いも起こる。考古学は単に机上で済む学問ではなく、汗を流しほこりにまみれながら遺跡と対しなければならない。

さらに、考古学は研究だけしていれば良いわけではない。共同作業の上で研究が成り立つものであるから、調査に関わる人間関係をいかに円滑に進めるかが非常に大切である。海外での調査となると、その苦労も一層増す。しかし、このことが本当に理解できたのはもっと後になってからのことであった。当時の私はイスラエルの調査生活や発掘方法に慣れることに精一杯であった。

実際の発掘生活

発掘中の生活は朝四時半の起床に始まる。身支度を整えお茶とビスケットを軽くつまむと、もう発掘現場行きのバスに乗り込まねばならない。もちろん、外はまだ暗い。朝寝坊の私は星空を恨めしい思いで見上げる。二〇分もバスにゆられて現場に到着すると、やっと夜が明けてくる。炎天下での作業を避けるためにこんなに朝早くから作業を始めなければならないのだが、特に私が参加したテル・ハダルは海抜マイナス二〇〇mのガリラヤ湖

テル・ハダル発掘風景

畔にあり、暑い上に猛烈な湿度がある。

午前八時には痛いくらいに日差しが照りつけ、まるでシャワーを浴びたように汗をかく。目の前に浮かぶ青い湖にポチャンと飛び込みたくなる。日本の発掘現場に見られるような、長袖、長ズボン、帽子にタオルという姿ではとても耐えられず、ショートパンツにTシャツ、帽子にサングラスといういでたちになる。中には水着姿の若者もいる。

発掘調査といえば、ハケを手にしてそっと出土物をなでる、といった静かな細かい作業を思い浮かべる人が多いかもしれないが、必ずしもそうではない。表土など、古代の人間が関与した形跡が無いことが明らかな層はスコップやつるはしでどんどん掘り下げるし、掘削した土は一輪車で運び出さねばならない。しかも、調査状況については出来るだけ詳細な記録として残さねばならない。厳密に言うならば発掘とは遺跡の破壊行為であり、残るものは記録だけなのである。だから、作業を進める一方でなるべく詳細な記録を残す。肉体と頭と神経をフルに動かしながらの作業である。

二時間も働くと朝食が待ちどおしい。トマト、キュウリ、チーズ、パン、果物、コーヒーといったものをたっぷり取り、あとは一五分程の休憩をはさんで昼まで作業を続ける。日差しはますます厳しくなる。水を飲みに給水タンクまで何度も足を運ぶ。こんなつらい作業だが、それでも土の中からひょっこりと現れ出る古代人の生活の断片に、疲れを忘れる。

朝食の様子

住居を構成していた石壁の並びや、戸口のくぼみ、把手のついた土器、かまど……。こんなものに接していると、まるで彼らと話ができるような気分になってくる。今、私はまさに彼らと同じところに立ち、彼らの目と同じ高さで目前のガリラヤ湖を眺めているのだ。そんな思いにかられながら夢中で作業をしていると、作業終了の声がかかる。

宿舎へ帰る前に湖でひと泳ぎする。冷たい水が何とも心地よい。周りはキャンプを張るイスラエル人家族でいっぱいだ。昼時ともあって、あちこちからバーベキューのいい香りが漂ってくる。私たちも宿舎の食堂で、スープ、チキン、サラダ、マカロニ、コメといったたっぷりのキブツ料理（厳密にはそのようなものは無いが、どこのキブツでも似たようなものが食事に出されるようだ。ほとんどの材料は各キブツの自前なので新鮮で美味しい。）を食べると、夕方からの作業に備えてひと休みする。私は、シャワーを浴び、イスラエル産のビール、マカビ（さっぱりしていてなかなか美味しい）をぐっと飲み干すと、ベッドに倒れ込む。一日で最もくつろげる時間である。

夕方四時半からは土器片の洗浄と選別が行なわれる。丸一日水に浸した土器片をブラシで洗浄する。このあたりで出土した土器には石灰分がこびりつき、なかなかきれいにならない。ごしごしと力をこめてこする。これを乾燥させ、選別する。対象とする時代によって多少扱いが異なるが、基本的には口縁部や底部といった、時代を反映する部分を特に大事に扱う。最初のうちはどれも同じようにみえるが、一カ月もたつとだいぶん様子がわかってくる。土器片を実際に見たり触れたりすることで、その特徴を体験的につかんでいくのである。

幅広い学習方法

夕食をはさんで様々な講義が行なわれる。各国からやってきたボランティアたちが所属する大学の多くは、この調査に参加することを大学の単位として認定している。したがって、実際に発掘現場で作業するだけではなく、土器の勉強や遺跡に関する歴史や地理、そして方法論といった様々な授業が組み込まれているのである。自分たちが掘っている遺跡の背景を学ぶことによって、発掘や土器洗いから得た知識を単に「モノ学」に終わらせることなく、歴史学や人類学というより大きな枠組みで捉える。なかなか優れた学習の場である。

個性あふれる友人たち

人々の参加の仕方にはお国柄が出ていて面白い。太陽の日差しをこよなく愛するフィンランド人はいつも元気いっぱいで、朝からジョギングで現場に向かう。合理的なアメリカ人は授業料として支払った分は元をとらねば、と調査内容ばかりでなく食事やその他の生活面でも多大な要求をし、受け入れ側のイスラエル人としばしば衝突する。たった二〇〇ドルをポケットに入れ、どうにか人を頼って参加したポーランド人は、費用がかさむ週末の見学旅行には参加せず、その代わりに宿舎に残ってキブツ生活を満喫した。

私はといえば、毎日経験する新しい出来事にとまどいながらも、これまでとはまるで違った新しい世界にすっかり魅せられてしまった。初めての発掘調査は、その後の私に留学を決意させ、さらに数年後には「イスラエルは第二の故郷」と言わしめるほど刺激に満ちた体験となった。

考古学者の卵たち

——考古学とイスラエル人

イスラエル人の高い関心

一夏の発掘調査にボランティアとして参加して以来、イスラエルについてもっと知りたいという思いが昂じ、ついにテルアビブ大学の考古学研究所に留学することになった。

イスラエルは先史時代の人類の進化について知る上でも、また、文明の初期の発達過程を知る上でも重要なフィールドである。とりわけユダヤ人にとっては、祖先が残してきた生活の跡が数多く埋もれているということから、人々の考古学に対する関心は高い。

おもちゃ屋へ行くと「考古学キット」という商品が「驚異の三次元パズル、ジグソーパズルよりもおもしろい、三歳から七〇歳まで楽しめる」という宣伝文句と共に売っている。箱の中には、実際に各地の遺跡で出土した瓶や皿のレプリカをばらばらに壊した土器

イスラエルで売られている「考古学キット」

片と接合するための道具が一式入っている。土器片を接着剤で復元しながら考古学者の気分を味わうのである。こんな物をおもちゃにして育つなんて、とイスラエルの考古学熱に改めて驚いたものである。

発掘調査中も子供や学生たちの団体が一日発掘体験ツアーと称して遺跡をちょくちょく訪れる。こちらとしては、何か妙なことをしでかさないように、と監視するのに大変なのだが、彼らは結構まじめである。言われたとおりに少しずつ土を掘り、石や土器片を見つける度にこちらに持ってきて「マ・ゼ？（これは何）」と聞いてくる。遺跡見学ツアーの一般参加者の中には学者顔負けの知識をもつ者も少なくない。中には途方もない大金持ちがいて、気に入った遺跡調査に大金を寄付することもある。こういう思いがけぬ幸運に備え、付き添う考古学者の説明にも力が入る。

考古学の研究所が様々に

大学の考古学研究所は、このように考古学への関心が高い中で専門家と指導者を養成する使命を負っている。テルアビブ大学の考古学研究所は、それ以前から存在するヘブライ大学考古学研究所のアハロニ教授とその学生たちが新しく設立したもので、ユダヤ教に裏打ちされたそれまでの考古学を一歩進めた幅広い視野を目指したものである。

特に、今日では歴史的側面だけでなく植物学、動物学、環境学といった分野の設備や研究者たちも集められている。

また、砂漠の考古学に強いベングリオン大学考古学部、水中考古学に強いハイファ大学海洋考古学部、元来は宗教色の濃い大学であるが、フィンケルシュタイン（現在はテルアビブ大学教授）を始めとし、幅広い知識と方法論を駆使したバルイラン大学考古学部、と様々な特色をもつ機関も次世代の研究者を育てている。

大学以外にも考古学に係わる研究所がある。現在のイスラエルが英国の統治下にあった時代から、英米仏といった国々は、宗教的な関心から考古学を専門とする研究所をこの地に建てた。

やがてこの地で、考古学の方法論が確立されることになった。十九世紀のことである。パレスチナ（古代イスラエルの呼称）にはエジプトのピラミッドやツタンカーメン、イラクのシュメールの都市やバベルの塔、アッシリアの華麗な彫刻、といった人目をひく出土物が少ない。出てくるのは土に汚れた土器ばかり。しかも、大量に出土する。このことが逆に、地味な研究ではあるが、土器と層位を用いた編年の方法を生み出すことになったのである。日本考古学の方法論も元をただせばパレスチナから来ているのである。

エルサレムにあるオルブライト研究所やエコール・ド・フランセは当時からの研究所で、発掘調査を行なうだけでなく国外の研究者との交流の場となっている。

さらに、主に自然科学の分野で世界的に優れた研究を次々と生み出してきたワイツマン研究所も考古学者にとって頼もしい存在である。ここでは年代測定法や保存処理の技術といった科学的手法が考古学者との共同研究に利用されている。中東の都市遺跡であるテルの成立要因について地質的な立場から研究し、遺跡形成学の画期的な方法論を築いたアイリーン・ローゼン博士もかつてはここの研究員で、ペトリシンを使った古代の農耕研究を進めた。

また、考古学をテーマにした博物館は主な都市には必ずいくつかあり、規模や内容も充実している。大学の授業ではこういった博物館の収蔵庫を定期的に訪ね、専門家たちの助けを得ながら資料について勉強する。小さな国ではあるが、多くの充実した機関に支えられている。考古学を勉強する者にとってはまたとない環境である。

イスラエルの学生気質

考古学を学ぶ学生の数は日本に比べて多い。例えば、私が在学していた一九九〇年頃、学部生は年間一〇〇名近くいたようだ。とりわけ、女性の数が多い。経済的にも政治的にもまだまだ不安定なイスラエルでは、法律、医学、技術といった実質的分野に男子学生の人気が集中する。趣味に生きがいを見いだす女子学生や、よほど熱の入った男子学生が考古学を専攻する。

イスラエルの学生は日本の学生たちに比べて大人びてみえる。というのも、彼らのほとんどが三年間の兵役を終えてから大学にやって来るためである（女性は二年の兵役を努める）。

兵役の三年間は辛いもので、彼らを肉体的にも精神的にも成熟させる。短い睡眠時間で何十キロもの荷を担ぎ、雨の中や砂漠の炎天下を歩行する。夜中にたたき起こされ訓練を受けることもある。プライバシーの無い集団生活。そして、時には危険な場所で紛争に対処しなければならない。そんな中で常に考えさせられる国家や民族の存続、命の貴さ……。

兵役を終えると彼らは確実に変わる。そして義務から解放され心身ともに疲れきった身体をいやすためにネパール、インドといった、安価でエキゾチックな香りのする国々へ長期旅行をする若者が増えている。そのようなリラックスした環境の中で自分の将来についてゆっくりと考え、進路を決定するのである。

こうした様々な経過を経て入学した学生たちはそれなりの熱意を秘めている。レクチャーは先生の話を聞いて学ぶ授業であるが、セミナーともなれば様子は一転する。毎回、学生たちは次回の授業までに指示された文献を読み、準備をする。これを元に、教授も含めたディスカッションが行なわれるのだが、それは毎回熱気あふれるものである。

元来イスラエル人は自己主張が強く、しかも幼い頃から聖書を読むことに慣れ親しんでいるせいか論理の組み立てにたけている。しかも彼らには相手が話し終わるのを待つという習慣がないようで、単純に声の大きい者が会話の主導権を握る。横で聞いていると、まるで喧嘩をしているような大騒ぎが展開される。そこには先生や生徒という形式的な区別はもはやない。ただ、実力、論理的整合性や知識量の違いだけがあからさまになる。小さい頃から考古学になじみの深い若者も多いから、学生の知識が教授を圧倒することもしばしばある。しかし、教授の方も立派なもので、顔をつぶされたなどと怒ることもなく、まじめに学生からの情報を取り入れる。

年に二回、授業中に生徒会からアンケート用紙が配られる。これは各授業内容に関する調査表で、学生が担当教授の評価について書き込むようになっている。評判の思わしくない教授は、その担当を外されることもある。

だから、先生たちもなかなか気を抜けない。ベテランのコハビ教授も学期が始まる頃になると、夜遅くなるまで準備をしていたものだ。当時、コハビ家に居候していた私は、そんな先生に遠慮しながら、友人が待つパーティ会場にこっそり出かけなければならなかった。

サブラ

――愛すべきイスラエル生まれ

イスラエル生まれはサボテン？

イスラエル生まれのユダヤ人のことをサブラとよぶ。サブラとはサボテンの実のことだ。保存がきかない果物なので、夏になると自然に熟れているものを子供たちがつみとり、道端や果物屋で売る。緑色で、とげが一面に生えている。うっかり触ろうものなら手にびっしりとげが刺さってしまう。しかし、用心深くその皮をむくと中身はとろりとしたオレンジ色で、とてもよい香りがたちのぼる。見かけとは違って、とっても甘くて美味しい果実なのである。イスラエル人はこのサブラに喩えられるとおり、一見無愛想である。こちらが笑顔で近づこうとしてもそっぽを向かれてしまう。しかし、一旦知合いになるとまるで家族のように暖かい人々である。

サボテンの実

テルアビブ大学に入って間もない頃、ヘブライ語の集中コースを終えたとはいえ、私のヘブライ語は授業についていくにまだまだ不十分であった。ある大学院の授業で、そんな私を気遣った先生が「英語の授業にしよう」と皆に提案した。イスラエル人は大抵英語を話すし、その授業は七人ほどのセミナーだったからそうすることが可能だったのである。

しかし、出会ったばかりのどこの馬の骨ともしれぬ私にそんな同情の余地はない。「英語なんてわからない」。最初にそう言いはなったのはミハルだった。冷たい視線を感じた。

ところが何度も授業を受けるうち、皆の態度が変わってきた。理解できないと英語で詳しく説明してくれた。遺跡見学旅行でも車中は楽しいおしゃべりで時を過ごした。ミハルが笑顔を私に見せるようになったのもその頃である。一年が終わりに近づいたある日のこと、ミハルが私に近づいてきて言った。「主人の仕事の関係でもうすぐアメリカに行くの。これまでテルアビブ郊外の田舎ですてきに暮らしていたんだけど、今度はどうなるかしら。久実、あなたにあえて良かったわ。アメリカにくることがあったら遊びにきてね」。彼女は私の頬に軽くキスし、すてきな笑顔を見せた。

バスの運転手

こんな話もある。それは、テルアビブの下町にあるシューク・カルメルへ買物に出かけた。この市場では新鮮な材料が安く手に入るが、アパートからはバスで三〇分近くかかる。しかも、市場まではさらに歩いて一〇分くらいかかる。しかし市場の楽しさに毎週のように通いつめたある日のこと、いつもの運転手が尋ねてきた。「どこへ行くの?」「シューク・カルメルよ」「ちょっと、待ってろ、もっと近くまで行ってやるから」。彼はそのまま私を市場のすぐ近くまで送ってくれたのである。

気のいい彼らであるが、たまにはほっといてくれと言いたくなるほどお節介なときがある。シュロモは教習所の先生である。私は運転免許をイスラエルで取得した。運転者数が多く道も狭いこの国では、免許をとるのも決して楽ではない。ただし、その練習方法は日本とかなり違う。まず教習所に電話をかけて授業のアポイントメントをとる。自分に都合のいい場所と時間さえ言えば、そこへ迎えにきてくれるのだ。練習はすべて実際の路上で行なう。もちろん先生の足元にはブレーキがついているが、命をかけた大変な職業である。一回のレッスンは約四五分だが、免許をとるまでに二〇〜八〇回のレッスンを受けるから、先生とはかなり親しくなる。シュロモもそうだった。

冬のある日、私は風邪で咳が止まらなかった。シュロモは授業の途中に私が運転する車を止めさせ、「ちょっと待ってて」と出ていった。彼はサクラブを手に戻ってきた。サクラブとは牛乳と砂糖にコーンスターチを混ぜて温めた甘い飲物である。バラの香料とシナモンそしてナッツが少し振りかけてある。冬には町のあちこちで売っている。「風邪の時にはこれが一番いいんだ」。暖かくて美味しかった。二〇分も車を走らせると、また、彼は車を止めさせ同じものを買ってきた。「こんなにたくさん飲めないわよ。もうおなかいっぱい」。「おまえはいつも少ししか食べないからそんなに痩せっぽっちですぐ風邪をひくんだ。いいから飲め」。その日は結局三度もそれを飲まされた。

週末に勉強しているとシュロモとその教習所仲間から電話がかかる。「今、テルアビブの海岸に居るんだ。これからみんなでヨットでジャッファまで行くんだけど、来ない？」「今勉強中だから行かない」「週末に勉強？　馬鹿なこと言うんじゃない。いいから早く来いよ。待ってるからね」。行けば楽しいことはわかっているが、この類に付き合いだすときりがない。そのおせっかいにはしばしば閉口したが、愉快なこともたくさんあった。とびきり美味しいイラク風サンドウイッチの店も教えてもらったし、ヨットにも乗せてもらった。それに、最後にはちゃんと免許もとれた。

日本に来た若者たち

日本にも多くのイスラエル人がいる。特に最近は、兵役を終えた若者たちが日本にやってきて、見物ついでに町で絵を売ったりしながら小遣い稼ぎをしているようだ。

一時帰国したある日、買物をしていてそんな出店を通りかかった。二人の若者がサンドウイッチをかじりながらバッグや小物の類を売っている。覚えたての日本語が効を奏したようで、人だかりが出来ている。しかし、寒いのか、それとも人だかりの割には売れていないのか、若者の表情はどことなく固い。彼らが二言、三言交わした言葉から、イスラエル人であることがわかった。私は話しかけることにした。

「イラッシャイマセ」という男の言葉に対し、「マ・ニシュマ？（ごきげんいかが）」とヘブライ語で挨拶した。すると、彼は目を丸くし一気に表情が明るくなった。それからは毎度おなじみの会話が続いた。「いつイスラエルにいたの？」「どこに住んでたの？」「何をしていたの？」……。ひとしきり話した後、彼は売りもののバッグを一つ私に渡して言った。「おみやげだよ」。売価が三万円近くもする。断わる私に彼は「いいから、もっていけよ。今日は楽しかったからお礼だよ」、と押し付けた。「じゃあ、何か今度お返しするから、今度はいつここに来ているの？」と尋ねる私に、「わからないよ。でもいつかどこかできっと会うさ。その時困っていたら助けてね」、とウインクした。

日本人にとって第一印象の彼らは近づき難い存在である。でも、嫌いになってしまう前に彼らの栗色の目をのぞいてほしい。恥ずかしがりやで強がりで頑固だけど、とっても暖かく、優しい、そんなサブラたちなのである。

センポ・スギハラに救われた

こうして、いったん親近感を持ちそれが信頼関係にまで発展すると、彼らの友情は時間や個人を越えてしまう。

テルアビブの町を歩いていると、「僕はセンポ・スギハラに救われた」と話しかけてくるイスラエル人がいる。第二次大戦中にリトアニアの領事だった杉原千畝《ちうね》氏のことである。彼は日本政府の反対を押して、当時迫害され日本経由でリトアニアを脱出しようとしていたユダヤ人にビザを発行した。彼に命を救われたユダヤ人は六千人にものぼる。「あのとき助けられたことをどんなに感謝しているかしれない。本当にどうもありがとう」。

私が日本人である、ただそれだけの理由で彼らは友情を示してくる。そんな思いを胸に世界各国から建国後のイスラエルへやってきたユダヤ人たちが、サブラを産んだ。

シュロモ、ミハル、日本で出会った名も知らぬ青年、そしてその他大勢のイスラエル人。サブラの果実のとげと甘さを私はどこまで広く伝えられるだろう。

イスラエルの〝琵琶湖〟
――ガリラヤ湖（キネレト湖）の重要さ

ガリラヤへの道中

雨季の終わる三月下旬。たっぷりの水をすった種があちこちで芽ぶき一斉に花を咲かせる。春の始まりである。この頃になるとシューク・カルメルというアラブ系の市場にジャポニカ米を買いにでかける。おにぎりを作る準備だ。おにぎりをもって〝イスラエルの琵琶湖〟へハイキングにでかけるのだ。

イスラエルの琵琶湖とはガリラヤ湖のことである。ガリラヤ湖はヘブライ語でキネレトという。琴という意味である。せせらぐ湖面を、琴をかきならす様に喩えたのだという。また、イスラエルを最初に国として統一した王、ダビデは琴の名手であった。

テルアビブから地中海沿いのハイファ・ロードを北に走り、ハデラという町を過ぎて内陸に向かう。このあたりから道が少し狭くなる。アラブ系の村が多く小さなモスクが時々目につく。夏の調査中にはしょっちゅう通る道だが、夏とは違って水を含んだ空気がすがすがしく、景色も色濃く見える。

しばらく走ると、左手に古代の大都市メギドが見えてくる。ここは今から五千年近く前に都市として成立し、その後この地域を代表する都市国家として力を誇ったが、滅びた。一九〇三年に初めてドイツチームによって、そして一九二五年からシカゴ大学東洋研究所によってロックフェラーの援助のもとに発掘が行なわれ、現在のイスラエル考古学にとって基本となる資料を提供している。カナン及びイスラエルの古代史を研究する上でも、また、考古学史の上でも重要な遺跡である。テルアビブ大学のフィンケルシュタイン教授によって再調査中である。

メギドを通りすぎたところで右手の並木道に入る。すぐにカフェテリアがあるから少し休憩しよう。すでに一時間以上運転している。小さいけどこぎれいなカフェだ。アラブ系の家族が経営している。夏の調査期間には何度もここを訪れるのでもう顔なじみである。

「あらあ、久しぶりじゃないの。どうしてたの？　元気？」奥さんが早速中からでてきて私の頬にキスをする。私はカウンターに座り込みカフェ・ボツをご馳走になる。カフェ・ボツは泥コーヒーという意味で、細かくひいたコーヒー豆と砂糖をお湯で煮立て、カルダモンという香辛料をきかせたものである。濾《こ》さないので底にたまったコーヒーが泥のように見える。

「ちゃんと、大学で勉強してたわよ。みんなは元気？」。しばらく他愛ないおしゃべりが続く。私はついでに新鮮な人参ジュースとブレカスというカッテージチーズの入ったパイをもらう。両方ともイスラエルではいたるところで見られる食べ物である。楽しいおしゃべりにあっというまに三〇分が過ぎてしまった。「また来るね。シャローム」

店をあとにし、旅を続ける。目的地のガリラヤ湖まではあと一時間ほどである。

見違える春の光景

ガリラヤ湖が見えてくると、夏とは一転した様子に目を見張る。周囲はまるで花を一面に敷き詰めたようである。真っ赤なアネモネ、紫色のルピナス、そして真っ白なアーモンドの花、と色とりどりの絨毯《じゅうたん》が見られる。そして、静かに波打つ青く澄み渡ったガリラヤ湖。一年の内この時期だけ見られる風景である。一カ月もすると花は東からやってくる熱風ハムシーンによってあっというまに枯れはててしまうのだ。

さて、どこが一番きれいかしら。車を止める場所を選ぶのにまよってしまう。一度止めても、あっちのほうがいいみたい、とまた、動く。うろうろする内に空腹に耐えられなくなり、適当なところに決める。空気はまだ冷たい。やっと、高台の一角に停車する。目の前に青く静かな湖を見おろしながらおにぎりをぱくつく。水面は夏よりもかなり高くなっている。

春のガリラヤ湖畔

ガリラヤ湖には、地域の人々ばかりでなくイスラエル全国から人々が集まってくる。暑さのきびしい夏には避暑を求めて湖岸にいくつもあるキャンプ場が人でいっぱいになる。バーベキューを楽しむ人、泳ぐ人、岸にすわりぼんやり湖面を眺める人、過ごし方はそれぞれであるが、夏の渇れた景色を知る彼らの目にはガリラヤ湖の青い水がよほど美しく映るのだろう。通りかかった私に「どうだ、ここはいいだろう。きれいだろう」と、誇らしげに話しかけるイスラエル人が何人もいる。

ガリラヤ湖周辺

この豊かな環境を人々は古代から利用していた。紀元前三〇〇〇年には二二ヘクタールという広大な都市がガリラヤ湖南端に出現した（ベト・イェラ）。そこから出土した独特な土器、キルベト・ケラクは、当時すでにこの地域が北方のアナトリア地域と交流していたことを示している。遺跡はほんの数パーセントが発掘されたに過ぎないが、そこからは巨大な穀物庫が発見されており、この都市が地域全体の穀物庫として重要な役割を担っていたことを示している。このような大量な生産物を管理し、かつ、交易を行なうだけのしっかりした指導者も存在したに違いない。

また、ガリラヤ湖周辺には湖上の水運以外にも南北、東西へ通じる重要な交通路が集中している。そのため、宿場町的な都市も形成された。ハダル、エンゲヴ、キンロットといった紀元前八〇〇～一〇〇〇年頃の遺跡もそのような性格をもっていたようである。

これらの都市は通常よりも高い城壁に囲まれていた。これはガリラヤ湖の高波から町を守るためのものだったかもしれない。長期的な水位の変動は地元の郷土史家メンデル・ヌン氏が示しているが、短期的に見てもその水位にはかなりの変動がある。一九三四年にガリラヤ湖の出口にダムが設けられてから、さらに一九六四年以来ガリラヤ湖の水を全国に供給するようになってからは水位をかなりコントロールできるようになった。しかし、今でも、強い風を受けて高波が発生することがある。

琵琶湖との共通点

こうして湖を眺めていると、本当に琵琶湖を眺めているような気分になる。先述のような名前ばかりが共通の要素ではない。規模こそ琵琶湖はガリラヤ湖の約四倍（六七〇平方キロメートル）とかなり大きいが、形が若干似ている上、琵琶湖は北緯三五度、ガリラヤ湖は北緯三三度とほぼ同じ緯度に位置する。地域の水瓶として飲料水を提供しているし、ヨルダン川と同様に琵琶湖も瀬田川という南にのびる川を唯一の出水口としている。洪水や干ばつによる水位の変動に対処するために、南郷洗堰《あらいぜき》や琵琶湖疏水《そすい》といった施設を設けた点もデガニヤ・ダムと共通している。都の建設などに使用する膨大な木材を瀬田川付近の田上山から伐採したことは、千年後の琵琶湖とその出水口付近に深刻な影響を与えた。裸になった山の斜面から流出した土砂が河底に堆積《たいせき》したことで、湖水はしばしば溢れ、地域に洪水の被害をもたらしたのである。南郷洗堰はこれを解決し、また、疏水は京都や大阪方面への水運を促した。ちょうど同じ状況が、ガリラヤ湖南のデガニヤ・ダムやパイプラインの建設にも言える。両地域とも古代以来、東西と南北を結ぶ交通網の中核的存在であった。このように共通点は幾つもある。

文化的歴史的には何の関係もない二つの湖であるが、共に湖の特色を最大限に活かした文化が発達した、という点においては変わりない。両地域で使用されてきた漁具や漁法も似通っている。文化的歴史的に無関係な地域だけに、これらの類似点は両地域で人々が湖という環境に適応した文化や技術を発展させてきたことを示している。

不思議なことに、イスラエルでは水環境に関する考古学的研究はあまり行なわれていない。先述のヌン氏の研究や、水位が下がった湖底から浮かび上がった古代船の調査などはそんな中でも貴重な存在と言える。ユダヤ人の祖先が元々が遊牧民だったためであろうか、旧約聖書の中にもガリラヤ湖に関する記述はたった一度登場するにすぎない。そのためか、湖にまつわる古代の生活についてはあまり明らかにされていないのが現状である。

「イスラエルの琵琶湖」という視点はガリラヤ湖と琵琶湖を新たな視点から理解する意外なきっかけとなるかもしれない。三つめの大きなおにぎりをほおばりながら、そんなことを思った。

不思議な死海の町

――死海と聖書物語

ソドムとゴモラ

ソドムとゴモラの話をご存じだろうか。昔、カナン（聖書では古代イスラエルを含む地域をこのように呼ぶ）南部にある死海のほとりに五つの町があった。ソドムとゴモラはそのうちの二つである。

旧約聖書の創世記によれば、ノアの箱船で助かった人々は各地で子孫を増やし平和に暮らしていたが、時間がたつにつれて、人々は再び傲慢になっていった。中でもソドムとゴモラでは贅沢の限りを尽くした生活を送っていた。これを見て怒った神はこの二つの町を住人ごと滅ぼそうと決意する。

しかし、心がけが良かったアブラハムの甥、ロトの一族だけは助けることにした。前夜、一つだけ神はロトに忠告した。「町を出たら何が起こっても振り向いてはならない」。早朝、ロトの一族は町を出た。砂漠を歩く彼らの背後からは、やがて恐ろしい轟音と人々の悲鳴が聞こえてきた。いったい何が起こっているのだろう。しかし、神の言いつけに従い、ひたすら前を見て歩き続けた。ただ一人、ロトの妻を除いては。彼女は我慢しきれずに振り向いてしまったのである。彼女の目にはいったい何が映ったのだろう。それを知るものは誰もいない。何故なら、神の言葉に背いた彼女は一瞬の内に塩の柱に変身してしまったからである。

死海はこうして出来た

「ついに発見、ソドムとゴモラ」というニュースが話題になったことがある。ヨルダン国側でちょうど死海の南のほとりに五つの町の跡が発見されたのである。これらはどれも初期青銅期時代（前三〇〇〇年期）の遺跡、しかも大規模な火災によって滅びている。死海のほとりで同様の遺跡は発見されていないので、伝説の町はこれに違いない、ということになった。真偽のほどはともかく、こんなところに町があるなんて皆さんは不思議に思わないだろうか。

死海は、アジアからアフリカにかけて大地溝帯が形成されたときに海水が大陸に挟まれ、その一部が現在まで残ったものである。砂漠の乾燥地帯にあり、また、北方のガリラヤ湖が利水用にせき止められているため干上がり、その塩分は全体の二五パーセントと大変濃い。これは海水の八倍の濃度である。飽和状態を超えた塩分は、湖底を白く埋め、あちこちに塩の柱を形成している。生物は生息していない。海抜マイナス四〇〇メートルという低い場所にあるため、ほとんど年中ぼんやりと霞がかかり、何とも不思議な世界である。

この不思議な風景を見に世界中から観光客が集まる。周辺に建つ高級ホテルには客足が絶えることはない。

死海の塩

塩とアスファルトが特産品

しかしながら、今から何千年も前にこんなところまで観光にやってくる暇人はいなかったであろう。決して住みやすいとはいえないこの地に五つの町を建てた人々は一体何を求めていたのであろうか。

五つの町の内の一つは現在バヴ・エ・ドゥラと呼ばれる。ワジ・ケラクという川に沿って立地している。町は厚さ七～八メートルもの壁に囲まれており、その内側に円形や矩形の煉瓦作りの住居が半地下の形式で建てられていたようだ。墓から出土した家形の棺は当時の住居の形を真似たものだろう。人々は冬の雨季にワジ・ケラクからあふれた水を、地下などに蓄え利用したのだろう。砂漠の洪水は時には危険をもたらすが利用の仕方によっては命の源となる。死海北部の遺跡エリコでも、城壁を設け、町を洪水から守ると同時に水源として利用していたらしい。

さらに魅力的な資源も存在した。それは死海が産出する塩とアスファルトである。双方とも六〇〇〇年以上も前から利用されていた。塩が人間にとって必需品であることはいうまでもない。アスファルトは中近東各地の遺跡で防水用に容器や住宅に塗った様子が確認されている。

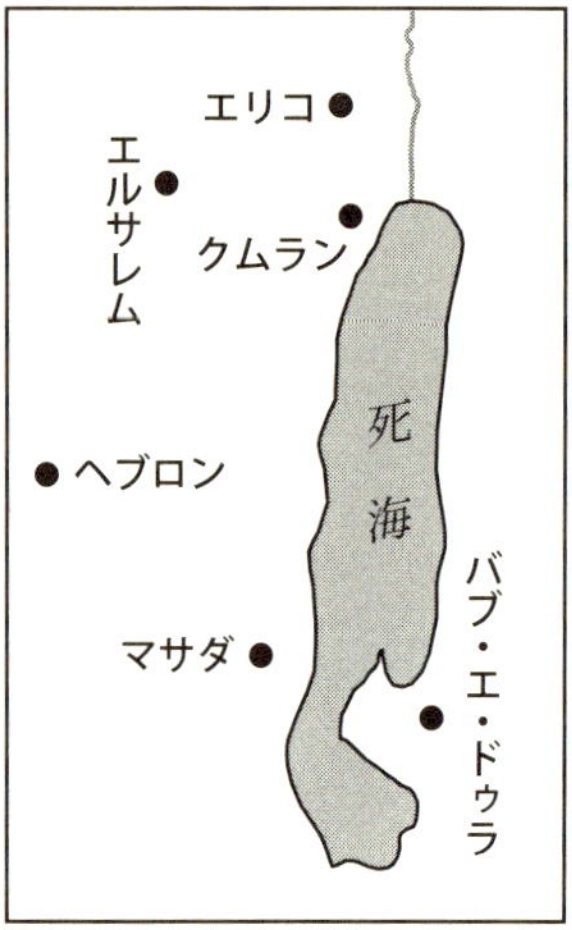

ところが、パレスチナでアスファルトを大量に使用した形跡は無い。せいぜい初期青銅期時代のエリコで城壁の表面に塗られているくらいである。恐らく、漆喰の材料である石灰岩が豊

富であったためであろう。これに対し、周辺地域ではアスファルトが大量に使用された。例えば、エジプトではミイラづくりに欠かせないものであったし、メソポタミアでは焼成《しょうせい》煉瓦《れんが》を固めたり、また、床や水利施設の防水にも利用された。死海のアスファルトはむしろ輸出品としての価値が高かったのである。五つの都市もこうした品々の交易によって繁栄していたと考えられている。

今も死海周辺にはどろどろとした黒いミネラル分の塊があちこちに見られる。腰や関節の治療にも効果があるこの泥を身体中に塗りたくる観光客をたくさん見かける。この泥にもアスファルトが含まれている。

もちろん、バヴ・エ・ドゥラが本当にソドムとゴモラのいずれかの町であったかどうかはわからない。また、聖書に書かれた記述が事実であったかどうかについても明らかではない。この時期にまとまって文字で書かれた文書がほとんど存在しないことから、確かめるのは困難であろう。しかしながら、このような、文字どおり死の海のほとりに、大都市が存在したことは確かなのである。まさに、太古に栄華の限りを尽くした砂漠の都市の片鱗といえよう。

考古学の不思議
――古代の住居と都市の遺跡について

生活を通して理解

見知らぬ国で初めて発掘調査に関わると、出土した遺物や遺跡についてなかなか理解できない。

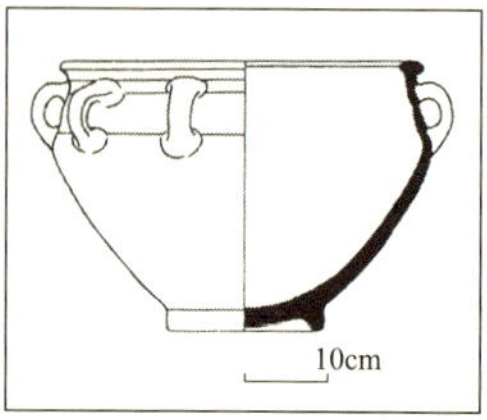

メギド出土（V層）のクラテル
（Megiddo I plate 32:167 より）

例えばクラテルと呼ばれる大きな瓶である。イスラエル人によるとこれは食事を盛る瓶であり、スープやその他の惣菜を人数分すべて盛って食卓に並べたものだという。一人一人別々に盛られる和食に慣れた私にはどうもピンとこなかった。

ところがイスラエル人の家庭に招かれるようになって、このことが理解できるようになった。イスラエルでは、人数分の食事を食卓の中央に並べた大皿に盛る。これを好きなだけ取り分けて食べるのである。私が居候していた家庭では、食事中にしばしば親族や友人たちがひょっこり訪ねてきた。しかし何人増えようと女主人は平気だった。「塩と水さえあればスープは増えるし、キュウリとトマトさえあればサラダもすぐ増やせるわ」そういってウインクしたものだ。来るものは拒まず、持っているものをすべて分けあう。大皿に盛られた食事を分かちあうことで人々の結びつきを確認する……。これが彼らの食事なのかもしれない。

イスラエル人の休日の過ごし方

とりわけユダヤ教の聖なる日であるシャバット（安息日）や祝日の食事は重要である。普段のユダヤ人は個の主張が大変強い。若者たちはある程度の年齢、特に一八から二〇歳までの兵役が済むと親からは独立して生活する。ところがシャバットの夕食だけは必ず一族が集まって取る。

最近では宗教にこだわらないイスラエル人も増えてきたが、そのような人もシャバットの夕食だけは必ず親族と一緒に取る。デートの最中でもこの時ばかりは一度中断し、夕食が終わると再びデートに戻る。それぐらいシャバットの夕食は大事なものであり、テーブルクロス、ナプキン、食器も特別なものを使う。

食事が始まる前に祝いの歌を皆で歌い、赤ワインで乾杯をし、大皿の食事を取り分ける。普段は夫妻と私しか住んでいない家の中に、この時ばかりは一〇人以上が集まる。そして、その週の出来事をいろいろと話すのである。彼らは普段でさえことあるごとに、いや何も無くても毎日何度も電話をかけては互いの状況について報告しあう習慣がある。その上にこうした家族の連帯感を確かめる機会を大事にするというのはとても不思議な光景であった。

私は大学入学を機に両親の元を離れ、しばらく東京で一人暮らしをしたが、帰省したのは年に一、二度、電話だって数えるほどであった。ところが一度イスラエル式に慣れてしまうと、休日に一人で過ごすことがとてつもなく非人間的な行為に感じられるから不思議である。久しぶりに帰国して両親と同居することになった私を、周囲の友人たちは心配したものだ。

「両親と同居なんてただでさえ面倒なのに、久実は永く離れてたからよけいに大変でしょう」。ところがイスラエルの家庭に慣れてしまった私はいっこうに平気である。このような家庭のありかたや緊密な人と人のつながりを、クラテルは反映しているかのようである。

バームクーヘンのような漆喰の壁

古代の住居の中には、壁の内と外、そして床を漆喰で塗り固めたものがある。神殿や有力者の住居などである。

漆喰は、イスラエルに豊富に産出する石灰岩を砕き、水を混ぜたもので、乾くと石のように固く水を通さなくなる。古代の井戸もこれを使って漏れを防いだ。住居の多くは基礎部分しか残存しないが、床面の様子もしばしば明らかにされる。漆喰を塗った床面は何重にも重なり、断面はまるでバームクーヘンの切口のようである。家を建て替えたのだろうか、それとも何者かによって破壊されたのか。遺跡を発掘しながらこんな疑問が頭に残った。

ところが、冬のある日のことである。どしゃぶりの雨が降ったり止んだりする雨季が終わりに近づいた頃、テルアビブにある自分のアパートに異変が起こりつつあることに気づいた。壁の漆喰があちこちではがれ落ちているのである。

慌てて大家に尋ねた。すると「雨季の終わりには湿度のせいでどこの家もこうなるんだ」と教えてくれた。「……だから、春毎に漆喰を新しく塗るんだよ」。一瞬、はっとした。あのとき、遺跡で見たバームクーヘン……塗り重ねた漆喰は湿度のせいだったのかもしれないと考え直した。

居住空間のあり方

理解しにくいのは物や建築物だけではない。とりわけ古代の都市そのものである。初めてイスラエルの都市遺跡の中に立ったときの奇妙な感じは忘れられない。古代中東の都市のほとんどは城壁に囲まれている。分厚くそびえ立つ壁に囲まれて毎日をすごす、などというのは我々にとって縁遠いものではないだろうか。いったい彼らは住空間を、そして町をどう捉えていたのだろうか。

都市をどのように計画したかという問題は、象徴考古学という分野でも議論されている。象徴考古学が対象とするのは、長さや重さといった量的な尺度などの例に示されるように、人々の間で共有された価値観の総体である。

同様に、居住空間をどのように計画するかという問題も、寝る、食べる、憩う、といった機能だけで決定されるものではなく、そこには人々の間で共有された空間に対する価値観が反映されている。考古学者が研究の対象とする遺物や遺構から人々の心の中を読み解くことは極めて難しい。しかしながら、こうした古代の世界観や価値観は現代社会にも通じる重要なテーマである。

例えば、現在の日本には、マンションなどに見られるような西洋風の生活様式が積極的に取り入れられている。従来は高い湿度に適するよう木造で襖《ふすま》などによって全開できるような仕組みになっていた居住空間だが、エアコンや鉄筋コンクリートといった様々な技術はこれを一変させた。しかしながら、間取りを見てみると昔からの様式が変わらない部分が存在することに気がつく。

例えば、隣接する部屋が一枚の扉によって直接出入りできる構造である。これは、いわゆる西洋の間取りには見られないものである。西洋ではすべての部屋が必ず廊下に面しており、完全に独立している。

古代イスラエルの都市について

建築家の芦原義信《あしはらよしのぶ》氏は、かつて居住空間の秩序を分析するにあたり、自己充足的な空間とそれらをつなぎあわせる関係付けの空間というアイデアを用い、日本の居住空間では庭と住居が一つの自己充足的な単位をなしていることを示した。これらを囲む垣根は一つの領域を区切る境界線であるといえる。

古代イスラエルの都市ではまさに城壁がこのような境界線であった。そして、その中全体が一つの自己充足的な空間を形成していた。宮殿、神殿、貯水槽、といった公共建造物がそのような空間を取りまとめる中心的役割を果たしている。さらに、一般住居は中庭や道路といった様々な関係づけの空間によってつなぎ合わされる。壁の中の面々はまさに壁の内側に住まうことで一つのアイデンティティーを共有したのである。

ところが、このような都市もパレスチナでは約一〇〇〇年を単位として崩れてしまう。遺跡として残されるのは、粗末な遊牧民の住居である。日本においても弥生時代の堀に囲まれた環壕集落や藤原京や平城京、平安京といった渡来の方形プランが根づかなかったように、イスラエルでも都市の形態がしばしば様変わりしたのである。

日本もイスラエルも、地形的に分断され国家的に強力な指導下に統一することが容易ではなかった。これは、地域的な生業体系、即ち日本における農耕に基づいた村落やイスラエルにおける混合経済に基づいた村落が国家的な指導力に優っていたためであろうか。それとも、これらの都市プランが、周辺に高度な文明を成立させたシリア・メソポタミアや中国といった地域から一時的にもたらされたものにすぎず、地域に定着しなかったためであろうか。

こう考えてみると、一見我々の感覚からはほど遠く思われるイスラエルの居住空間に、実は日本の居住空間と類似した要素があるのかもしれない。

ガリラヤ湖の船

――古代の船の発見と保存

二〇〇〇年前の船の発見

ガリラヤ湖岸のキブツ・ギノサールの近くにイガル・アロン・センターという博物館がある。ここにイエスの時代の木造船が展示されている。

この船の発掘に重要な役割を果たしたメンデル・ヌン氏は言う。

「それはある冬の朝のことでした。ガリラヤ湖の対岸にあるキブツ・ギノサールの友人から突然電話がかかってきたのです。彼らはとても興奮した様子で『マグダラの近くで昔の船を見つけたから早く来てくれ』と、僕を呼び出しました」

これは、一九八六年にこの木造船が発見されたときの話である。

ヌン氏は、ガリラヤ湖東岸のキブツ・エンゲヴに約五〇年間住み、漁師として、また、

メンデル・ヌン氏

晩年は湖の観光船の運営にも携わった。独学で、昔の漁具や湖上の水運史に関する研究を積み重ね、著作も多数残している。湖周辺の遺跡や遺物に大変詳しく、八〇歳を過ぎても昔の漁具を探して湖岸を歩くことが毎朝の日課であった。そのヌン氏がガリラヤの船の発見の様子について語ってくれた。

「もちろん私は急いで駆けつけました。でも、最初は最近の船の残骸だろうと思っていたのです。ところが実際に現場で見たものは、土に埋った船の舷側の一部でした。一目で相当に古い木製の船だということがわかりました」

この船は全長九m、幅二・五m、高さ一・二五mで、板材にはレバノン杉、肋材には地元の樫が使われていた。おそらく帆や櫓《ろ》を使って航行し、漁や湖上交通に用いられたのであろう。

「それはとても穏やかな朝でした。ところが、私が船の一部に触れたとたん、突然ひど

ガリラヤ船発掘

い嵐にみまわれました。三〇分ほどもすると嵐はまた突然に止み、見上げると空には美しい虹がかかっていました。あたかも『この船を発掘してもよろしい』という神からのお告げのようでした。徐々に水位が上がる中、一一日間の間、昼も夜も湖岸ですばらしい時をすごしました。土を掘るごとにゆっくりと船の全貌が目前にあらわれたのです」

苦心の保存処理

イスラエルの気候は夏の乾季と冬の雨季に分かれる。船が見つかったのは冬の始め、つまり湖は数カ月続いた乾季の終わりで、最も水位が下がっていた時のことだった。ガリラヤ湖ではこのような際に湖底の遺跡や遺物が明らかになることが珍しくない。

船の発掘はエルサレムの考古局と共同で行なわれた。木製品の取り扱いは土器や石の遺物以上に注意深く行なわねばならない。少しずつ船の全貌を明らかにしたあと、ウレタンフォームで船を繭《まゆ》のように包み込む。そのあと、これをそっと湖の中に浮かべる。二〇〇〇年ぶりの進水である。そしてキブツ・ギノサールの岸辺に設けられた仮のタンクまでクレーンで吊り上げられた。

その後、船には保存処理が施された。発掘したままで放置すると急激に乾燥し、ばらばらに崩れてしまうからである。ポリエチレン・グリコールという保存用の薬品が入った大きな水槽に船を一年以上浸す。すると、木材の中の水分が完全に薬品と入れ替わる。そうすると崩れてしまう心配はない。水槽から引き上げて乾燥させ、こびりついた余分な薬品を削り落とすと作業は終了だ。船はお披露目を待つばかりとなる。

ガリラヤ湖の独特な船形

イスラエルで発見された古代船は、現在のところこの一点だけである。しかしながら、同じくガリラヤ湖畔にある遺跡、紀元一世紀のマグダラの町から発見されたモザイクには船が描かれていた。これは現在カペナウムのシナゴーグの近くで公開されている。

描かれた船は帆柱、櫓、カイ、帆を備えており、トモ（船尾）は丸みをおびている。これは当時の船に一般的に見られる形である。しかしヘサキ（船首）は長細い魚のような珍しい形をしている。「おそらく暴風雨の時にも航行できるような工夫で、ガリラヤ湖独特のものだろう」とヌン氏は考えている。実際に出土した木造船も同様の特徴を持っていたようだ。

琵琶湖の丸子船復元

ここで日本の湖の船に目を移してみる。滋賀県の琵琶湖博物館では、歴史民俗部門の展示物の一つとしてかつての水運の主役、丸子船の復元製作を行なった。

その建造技術をもつ唯一の船大工は、大津市本堅田の松井三四郎さんである。松井さんが二年の歳月をかけて製作した丸子船は、百石積、長さ一七m、幅二・四m、高さ一mである。一九九五年三月に進水式を執り行ない、一度きりの航行を終えた後、建築中の博物館へ搬入された。

この船の起源についてはよくわかっていない。丸木船という丸太をくり抜いた船が名前の由来であるという説や、舷側部に半裁の杉を取り付け、板材を縫い合わせるように全体を丸く仕上げていることからこのような名前がついたという説もある。いずれにしても、丸子船が淡水である琵琶湖に適した安定感のある構造をもつこと、さらに湖という閉じた環境が長年にわたって基本的な構造を保ってきたことが考えられるだろう。

私は、この丸子船の建造を木の伐採から観察する機会を得た。どれも興味深い作業であったが、とりわけシン建てと呼ばれる工程が印象深かった。シンはちょうど船首にあたる部分で船の前面を人の顔に見立てると鼻にあたる部分である。つまり舳先にシンを取り付ける行事なのである。これは家でいうならば棟上げの儀式に相当するもので、船大工は日を選び船主を招く。そして、無事に立ち上がったシンに御神酒を注ぎ、皆で祝うのである。つまり、シンは船を代表する部分と言える。

では、ヘレニズム・ローマ時代の

ガリラヤ船模型

ガリラヤ湖に独特な「のびた魚の形」をした船首は当時の人々にとってどんな意味があったのだろう。丸子船が淡水湖に適応した構造をもっていたように、ガリラヤ湖の船も環境に適したものだったのだろうか。

一九九五年五月に来日したヌン氏は琵琶湖を訪れ、船大工の松井さんに会う機会をもった。二人の湖《ウミ》の男には言葉は必要なかったようだ。笑顔と固く交した握手には互いの偉業に対する尊敬の念が込められていた。

知られていない古代の漁労

――ガリラヤ湖の漁具を探す人

ガリラヤ湖の石の錘《おもり》

前回、ガリラヤ湖東岸に住む郷土史家メンデル・ヌン氏のことを紹介した。彼はキブツ・エンゲヴの漁師として長年ここに暮らしていたため、古代の漁具や漁法についても深い興味をもっている。その彼が一生懸命集めているものの、それは石の錘《おもり》である。

ガリラヤ湖の湖岸は砂利を敷き詰めたように直径三㎝前後の小石がたくさん落ちている。一見何の変哲もない石であるが、よく観察してみると中に小さな穴が開き、石灰分が白く溜まっている。石灰分を針金でこそぎ落とすと、まっすぐにうがたれた円形の穴が現れる。ヌン氏はこうした石をかつての人々が錘として使ったものと考えている。

材質としては石灰岩、玄武岩、そしてフリント（火打ち石）がある。どれもこの地域に

石錘

一般的に見られる石材であり、特にゴラン高原では金石併用時代（紀元前四〇〇〇年〜紀元前三二〇〇年頃）の特徴的な文化として玄武岩の加工が盛んに行なわれていた。

ヌン氏が集めた石錘には実に正確に穴がうがたれている。石の両面から徐々にまっすぐ削っていったらしく、ちょうどアイスクリームコーンを二つあわせたような形に穴が開いている。通常は一つだが中には二つ、まれに三つというものもある。また、石の硬い部分に当たったのか、作業を中断した形跡が見られるものもある。

これらの穴が最近のものでないことはそこに白く蓄積した石灰分から想像できる。湖の水に含まれた石灰分が長年の間にたまったもので、真水に数日浸して金槌や針金を用いて少しずつ取り除かねばならない。

しかしながら、正確にいつ頃のものであるかを確かめることは困難である。時代を明らかに示すものと共に出土した場合のみ、年代を知ることができるのである。例えば、編年が確立された土器片や文字史料、コイン等である。

湖岸にうち揚げられた小石はいわば遺跡から切り離された遺物であって、その年代を知ることはもはや不可能である。脈絡を失った遺物は考古学的資料としての価値の大半を失うといってもう過言ではない。しかし、それでもこれらが昔の生活用具であった可能性は否定できない。

古代の漁労資料が少ないイスラエル

日本の場合、水辺の住居跡付近からは必ずと言っていいほど漁具や魚骨、そして貝殻が大量に出土する。ところが、イスラエルには、漁に関する考古学的な資料が少ない。例えば私が三期にわたって参加したガリラヤ湖東岸に面した都市遺跡テル・ハダルからは、わずかに魚骨が一点出土したにすぎなかった。また、古代の漁を専門とする考古学者もイスラエルには居ない。資料が残りにくいのか。それともこのようなことに興味をもつ考古学者が少ないために、資料が見落とされているのだろうか。

漁具や魚骨といった資料は大変小さなものである。したがって、これらに注意を向けた調査を行なう場合には、細かいふるいを使って土を丹念に調べるなど詳細な調査が必要とされる。都市遺跡に興味をもつ研究者が最も惹かれる遺物は時代を語る土器なのである。したがって、テル・ハダルでもふるいを用いた土の調査は行なわれなかった。遊牧民と都市民のフィールドだと思った。

それまで、東京都内のある遺跡で江戸時代の発掘に関わっていた私は、魚骨や貝殻の山と毎日顔をつきあわせていた。日本の生活には古来より水産物が欠かせない要素だった。一方、イスラエルでは水資源の乏しさやその確保の大切さについては多くが語られる。しかし、水資源から得られる豊かな部分については、これまで余り語られていない。この意味でヌン氏の視点は重要である。彼がこれまでに出版した多くの著書は、ガリラヤ湖の漁労や水運について私たちにまとまった情報を提供している。

ヌン氏の業績

ヌン氏の毎日の生活はまさに「漁具に明けて漁具に暮れる」である。朝は五時に起床し湖岸の散策に出かける。もちろん石錘《せきすい》や錨石《いかりいし》を探すためである。午睡の後は前日に見つけて水に浸しておいた石の掃除にとりかかる。こうして集めた何百個もの石錘は彼の職場であるキネレトセーリングセンターの周辺、自宅の庭、そして自宅の部屋のあちこちに積まれている。

極めつけは庭に飾ってある石錘の木である。これはヌン氏ご自慢の巨大オブジェで、大きな木の根に何十もの石錘を糸で吊り下げたものである。最初はこんなヌン氏をばかにした人々もいたが、最近は世界各国から取材に訪れる人も現れ、彼の資料の重要さが認められるようになった。

錘のオブジェ

キブツ・エンゲヴではこれを基にした資料館を開くことになった。当初はキブツの空き家を用いた手作り資料館だった。開館してまもない手作り資料館を訪れたことがあるが、青と白に塗られ錨で飾ったその小さな資料館は何ともいえず魅力的なものだった。中にはガリラヤ湖の魚や漁法の紹介、石錘を取り付けた漁網《ぎょもう》、錨石、そして様々な考古学的なデータが所狭しと並べられている。「三次元展示なんだ」とヌン氏はご満悦であった。

　この手作り資料館はその後あっという間に規模を拡張し、現在は湖岸に新しい建物が建っている。古代の船を復元製作した展示もあるそうだ。皆さんも是非一度訪れてみてはいかがだろうか。

古代の都市を想像すれば

――テルから考古学が明らかにできること

先日、ある考古学者が売れっ子の女性霊能者と一緒にエジプトの遺跡を訪ねるというテレビ番組をやっていた。考古学には全く無知なはずの彼女だが、荒れ果てた古代の宮殿跡をしばらく歩き回るうちに、彼女はその宮殿の上部構造や内側の様子をまるで見てきたかのように語りだした。科学的根拠は何もないのだが、一笑に伏すには惜しいような興味深い場面であった。

都市遺跡は石の基礎部だけ

通常、古代中東の都市遺跡に残されている遺構は、石材で構築された建物の基礎部である。上部には泥煉瓦が積み重ねられた。

煉瓦

煉瓦《れんが》は、石材が豊富でない地域で建材の代用品として用いられた。イスラエルでは紀元前七〇〇〇年頃、まだ土器も使用されていない頃に、手で丸くこねただけの単純な日干し煉瓦が作られた。そのような煉瓦には、今でも人の指の跡が残っている。泥には伸縮を防ぐために藁《わら》を混ぜた。

紀元前三〇〇〇年頃、本格的な都市があちこちに形成されるようになってから、煉瓦は木枠で長方形に整形されたものが使用されるようになった。さらに、これを焼いて丈夫にした焼成《しょうせい》煉瓦も出現した。焼成煉瓦は長持ちするが、大量に生産するためには多くの燃料を用いなければならない。木材が貴重品であったパレスチナではむしろ日干し煉瓦の方が主流であった。

日干し煉瓦は長年放置されると元の土にかえるので、家屋が焼け落ちて偶然に残る場合などを除いては、遺跡にほとんど残されない。したがって、その上部構造を復元することは簡単ではない。

しかしながら、ヒントが無いわけではない。例えば、建物の高さは基礎部がどのくらい強固に造られているかによってある程度想像することができる。場合によっては、二階建てである場合もある。さらに、壁の厚さで家屋の外側の壁なのか、それとも内側を仕切る壁なのかも想像できる。

屋根の形についても知りたい。屋根は家屋が崩壊した場合などにその一部がそっくりそのまま残されることがある。そのような資料によると、まず壁を隔てて木製の梁《はり》を数本渡し、藁を混ぜた泥をかぶせる。そこに漆喰を塗り、雨漏りを防ぐ。つまり、平らな屋根である。屋上を作業場として利用することもあった。床は踏み固めただけの単純な作りのものから、漆喰を厚く塗ったものまで、色々であった。家屋を建て替える度に新たな床面が設けられる。発掘作業を進めていくとこのような床面と崩れ落ちて土にかえった泥煉瓦が交互に重なりあい、バームクーヘンの切口に似た様子を呈している。

いくつかの矩形《くけい》の部屋とそれらが取り囲む中庭は、典型的な古代の居住空間であった。中庭にはしばしば炉が設けられ、作業場として使用されていた。また、冬の雨水に備えたためであろうか、排水構が設けられ、ここから町の道路下を通じて都市の貯水槽に蓄えられた。中庭と部屋の間はしばしば列柱によって区切られ、採光の工夫がなされた。

神殿

都市の建物を推測すれば

都市は城壁によって囲まれ、独立した一つの領域を形成していた。この中は、ある時は放射線状や縦横に、またある時は無秩序に張り巡らされた道路によって仕切られていた。特に高い場所には宮殿や神殿といった公共建造物が、そして低いところには一般の住居が密集して配された。

この城壁の基礎部を新たな都市の土台としながら、次々に新しい都市が築かれた。このことによって、遺跡は丘の形を呈するようになった。このような遺跡丘をテルという。都市の立地条件は、交通路、水源、肥沃な農耕地に近しく、また、防衛の都合上高いところである。このような条件を

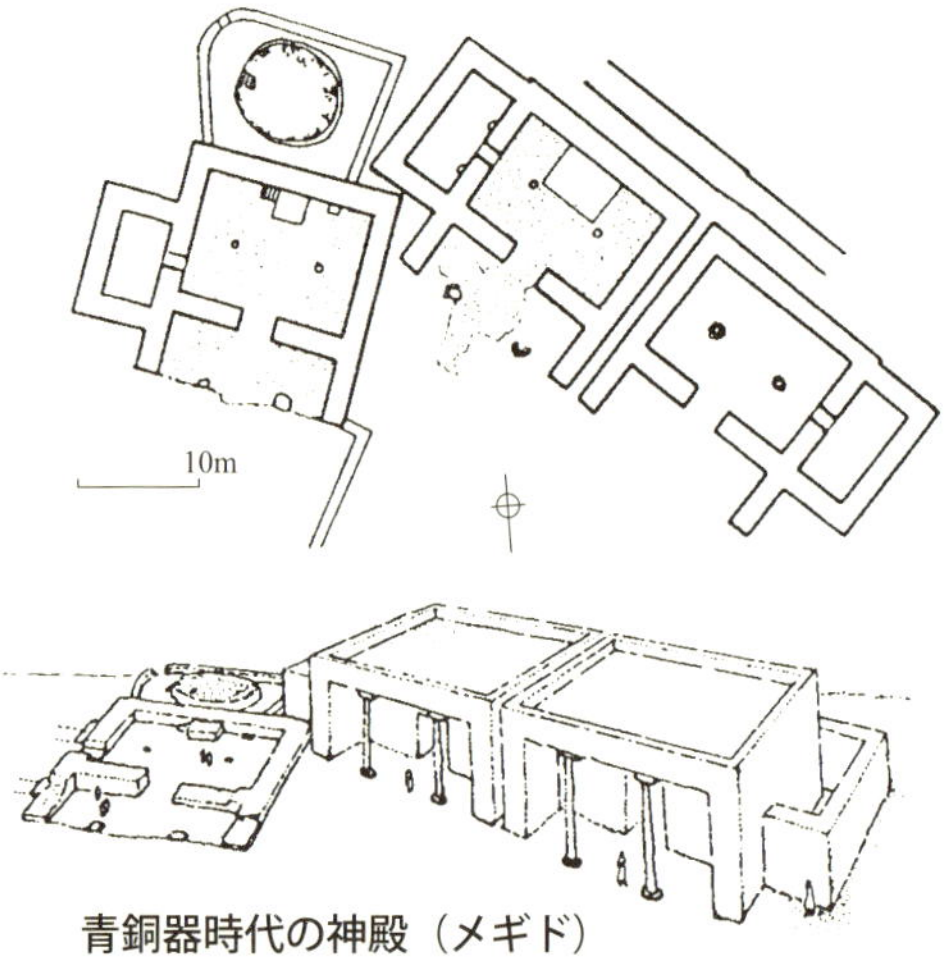

青銅器時代の神殿（メギド）

Ancient Building in South Syria and Palestine, vol.Ⅱ by G.R.H.Wright, 1985

すべて満たす場所は限られていた。こうした理由から、人々は廃虚となった町を土砂や崩れ落ちた煉瓦、そして以前に使用され放置されていた土器などを使って平らに均し、頑丈な城壁の基礎部をうまく利用しながらより丈夫で高い城壁をその上部に積み上げた。こうして、新たな町が形成されたのである。

古代都市内部の建物は、一体何に使用されたのであろうか。部屋毎に異なる目的があったのだろうか。このような生活空間の機能を、建築構造や出土物からある程度推測することは可能である。例えば、強固な壁で囲まれ外側を真っ白な漆喰で美しく仕上げ、幾つもの部屋や大きな中庭を備えた建物は、宮殿や神殿といった都市の中でも特別な意味を持つ建造物であろう。武器を備えた倉庫や、水路を作り付けた浴室、粘土製の偶像や祭壇が設けられた祭祀所なども特別な意味を持つと考えられるだろう。

また、円形や矩形の単純で丈夫な作りの巨大建造物は、倉庫だったかもしれない。焼け落ちた場合や、何らかの緊急事態に際して人々が倉庫の中のものを残すと、ここが倉庫であることが証明されるだけでなく、何が蓄えられていたかも詳細に知ることができる。そうした資料は、都市の経済活動まで明らかにする。

最近では化学的方法の発達によって、目に見える出土物以外にも様々な情報が入手できるようになった。土壌などに残された花粉や脂肪酸の分析は、そこに蓄えられていた植物や動物の存在を明らかにする。

考古学の得意、不得意

この程度までならば、霊能力者が居なくても考古学者は何とか理解することができる。しかしながら、番組の中の彼女はエジプトの遺跡に立ってこう続ける。

「奥の広い部屋には立派な男性がくつろいでいます。きっと身分の高い方なのでしょう。この部屋の前には廊下をはさんで幾つもの小部屋が見えます。妾《めかけ》たちの部屋で、美しく着飾った女たちがそれぞれの部屋でのんびりとくらしています。廊下の壁の上には大きな鳥が美しい色を使って描かれています。この鳥は人々に特別な能力を与えていたためにとても神聖なものと考えられていました。この男性もこの鳥からいろんな知恵を授かっていました」

遺跡でこんなことがたちどころにイメージできたらどんなに楽しいだろう。考古学が最も得意とすることは、モノの技術的側面を明らかにすることである。モノがどの様な材質によって作られたか、また、どの様な方法によって作られたか、そんなことである。最も不得意とすることは、そのモノを使った人々が住む社会について復元することである。妾をたくさん侍らせる有力者や、彼らの間で交わされた会話、壁に描かれた鳥の意味、そんな事柄は考古学的資料だけでは容易に理解できない。

当時の様子を文字で記した史料によって情報量を増やしたり、あるシンボルがどのようなコンテクストの中で現れるかを調べることによって、その意味を類推しなければならない。もしくは、運良く突然の大地震によって崩壊したポンペイのように、生活状況がすべて分かるような形で土に埋もれてしまった遺跡を捜し当てるかである。

いろいろと想像を巡らせる楽しみも確かにあるが、いっそのことタイムマシンにでも乗って事実を確かめに行きたくなることもある。あの女性霊能力者、私たちの調査地に一度遊びに来てくれないかしら。

古代人の見た風景

——「環境」と考古学

地域によって異なる水辺のイメージ

滋賀県立琵琶湖博物館は、湖環境をテーマにしている。展示の一つに「環境とは何だろう」というコーナーがあり、学芸員たちがそれぞれの専門分野に関連した展示物を紹介している。私がここで展示したのは、世界の子どもたちが描いた水辺の絵である。絵といっても実際に水辺を目の前にして描いたものではない。あくまでも部屋の中で、頭の中にある水辺のイメージを描いてもらった。

数カ国からの資料を集めたが、それらを眺めるととても興味深い。全体的な構図やイメージが、それぞれの地域によって異なるのである。

例えば、インドの子どもたちの絵には遠近感が全く無く、真ん中に橋のかかった川が

イスラエルの子供の絵（滋賀県立琵琶湖博物館）

空から眺めた形で描かれる。水辺に必ず表現されるのは蓮の花である。雨季の後に蓮の花が咲き乱れるこの地方では、蓮の花が一つの固定した水辺のイメージとして捉えられるらしい。外洋が近いノルウエーの子どもたちが描くのは、大型船の行き来する海である。ガリラヤ湖畔に住むイスラエルの子供たちが描くのは、水面に映る夕陽の美しさや湖岸で遊ぶ人々、パラソル、ビーチチェアと、娯楽の場としてのイメージが強調されている。子供たちの頭の中には、すでに見慣れた風景がイメージとして刻まれており、文化として共有しているようだ。

このコーナーで私が表現したかった

のは、人間にとっての環境とは自然全体を意味するのではなく、人の心が認識した、つまり人が無意識のうちに自然の中から選択したものであるということである。

古代人にとっての「環境」

では、古代の人々は環境をどのようにとらえていたのだろうか。この問題について、古代人の心や認識をテーマとするイギリスの考古学者、イアン・ホッダー教授にインタビューを行なったことがある。

「環境という言葉は、英語では『我々をとりまくもの（environment）』を意味します。つまり人間の外側にある世界のことで、言いかえればこれは我々がどのように環境を見ているかということなのです。しかし、一方では我々自身が環境を構築しているという事実もあります。我々はそれを自分たちの心に、文化に、そして歴史に刻みつけているのです」

つまり、環境とは必ずしも普遍的なものではなく、文化によって異なるものである。人が自然の中から環境を選択する方法は文化によって規定される。例えば今、目の前に古代人が座っているとしよう。その人に、あなたの住んでいるところはどのようなところなのかという問いかけをしてみよう。いったいどんな答えが返ってくるだろうか。

「例えば、旧石器時代の人々に彼らの環境はどういうものかと聞いても、彼らにはその質問の意味すら理解できないでしょう。なぜなら彼らには自分たちとその周辺、つまり環境を区別するという考えを持っていないからです。彼らは自分たちを世界の一部とみなしているのです。世界の様々な伝統的な民族社会にも先進国の人間とは異なる環境観を見ることができます。彼らの存在は彼らをとりまく世界から切り離すことはできないのです」

ホッダー教授は、トルコにある有名な新石器時代の遺跡チャタル・ヒュユックで発掘調査を行なっている。

「この遺跡からはすばらしい壁画が出土しており、ここには今から九〇〇〇年前の人々の世界観や環境観が表現されています。最も興味深い点は、この壁画が山や町を描いた世界最初の風景画であるということです。もちろんこれ以前にも、フランスやスペインの洞窟に描かれた壁画がありますが、これらは単に狩猟や動物の絵を個別に描いたもので、いわゆる風景画ではありません。風景画とは人が環境に目をやりこれを見据えたもの、つまり景観のコントロールと密接に関わっているのです。そしてチャタル・ヒュユックではこの時期に初めて農耕が行なわれているのです」

農耕とはまさに自然に人間が手を加えて、これをコントロールすることである。この時期に風景画が描かれたということは大変興味深い。つまり人間が環境を自分たちとは切り

テル・エイラト・ガスル出土の壁画

Israel Exploration Society "The Archaeology of Ancient Israel" by Amnon Ben-Tor 1992 Open University of Israel.p.71 Fig.3.20

離して認識し、これを資源として利用し始めた時に、環境を風景として捉えることができたのである。

古代パレスチナ人の見ていた風景

古代パレスチナではこういった壁画は出土しているだろうか。

南部の銅石器時代（前四三〇〇年～三三〇〇年）を代表する文化の一つに、ガッスール文化というのがある。この文化を最も明確に表す遺跡は死海の北東部に位置するテル・エイラト・ガスルで、ここからはとても風変わりな壁画が出土している。それは、大きな星や儀式的な仮面もしくは神話上の生き物とも思われる顔を描いたもので、いわゆる風景画からはほど遠い。古代パレスチナの遺跡からは、これ以降の時代も風景を表現した絵は出土していないようだ。

この地域の人々は環境を認識しこれを利用するということをしなかったのだろうか。決してそうではない。それはむしろ文学的な史料、例えば旧約聖書によく表されている。

旧約聖書には、「乳と蜜の流れる」豊かなカナンの地（例えば出エジプト記三・三）に「町とその娘たちとその放牧地」（これはヘブライ語で、日本語では町と村々と放牧地と訳されている。）が散在していたと記されている（例えばヨシュア記一五～二一の数カ所）。「娘たち」とは、より大規模な町に帰属する集落のことで、その周辺には牧畜を営む放牧地が存在する。都市の領域とは、この三つの要素が組み合わさったものである。つまり、「乳と蜜の流れるところ」はこの土地を資源として捉えた表現であり、「町とその娘たちとその放牧地」は資源としての環境の中に社会を組み込んだ結果を示していると考えられる。

遊牧文化を起源とするためであろうか。例えばヨシュア記に記されたユダ諸氏族への土地の割当に関するくだりにもあるとおり、領土が川や山といった自然のランドマークを用いながら表現されている。風景画は無いが、彼らは自然環境を充分に認識し、これを支配していたと言える。

モシェ・コハビ教授は次のように言っている。「考古学者にとって環境とはとても興味深いテーマです。人がイスラエルの多様な自然にどのように適応し、どのように変えてきたか。このことを知ることは、現在の我々が環境破壊を防ぐためにも必要なことなのです」

考古学は昔のことだけではなく未来のことも考える学問なのである。

一片の土器のかけらから
――土器の編年とは

雨季が始まったら

十月から十一月にかけて、イスラエルは雨季が始まる時期である。それはある日突然やってくる。空はにわかにかき曇り、バラバラっと雹《ひょう》でもまくような音が家の屋根をかきならす。そんな激しい雨季の訪れである。

最初の一雨が来たら、ぜひ各地の遺跡を訪ねてみたい。なぜなら、それは表面採集（略して表採という）の絶好のチャンスだからである。表採とは遺跡の表面にころがっている様々な時代の土器片を拾い集めることで、まだ発掘されていない遺跡の時代を決定するための重要な調査方法の一つなのだ。強い雨は遺跡の表面の土や埃《ほこり》を洗い流し、土器の小さなかけらを見えやすくする。しかし、雨季の終わりになると遺跡のあちこちに育った新緑

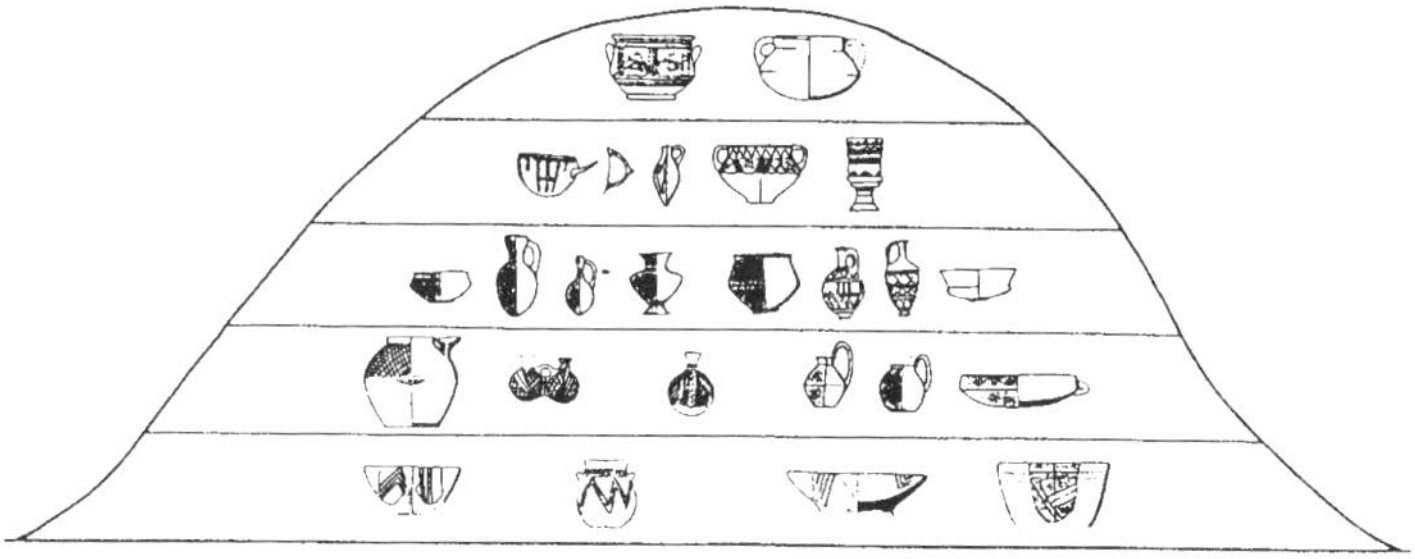

テルに封じ込められた様々な時代の土器

がこれらを人の目から覆い隠してしまう。だから、最初の雨の後が表採には最も適しているのである。

土器から時代を読みとる

中近東の都市遺跡が「テル」と呼ばれる丘状を呈することについては以前にお話した。様々な時代の町がケーキのように積み重なった遺跡の一部は、長年放置される間に自然の侵食作用を受ける。その際に、ケーキの間にはさみこまれたフルーツのかけらがはみ出すように、土器片も遺跡からはみ出してしまうのである。ケーキのいくつかの層からフルーツがこぼれ落ちる。つまり、異なる時代の町で使われた土器のかけらが、遺跡の周辺にまんべんなくこぼれ落ちている可能性があるのだ。こういった土器片を分析すると、大がかりな発掘調査をしなくても、その遺跡がどんな時代の人々が住む町であったのかを知ることができる。

ところで、土器を調べるとなぜ時代がわかるのか、と皆さんは不思議に思われるのではないだろうか。

考古学には二つの基本的な作業がある。第一に、積み重なって丘状になった一つ一つの町を区別すること。第二に、それぞれの町に落ちていた土器片から時代を読むことである。では、どうして土器でなければいけないのだろうか。

歴史を研究するためには、「史料」と「資料」の二つを利用することができる。「史料」は文字情報で、これを扱うのは文献史学の分野である。「史料」にはそれが書かれた年代が明確に記されている場合があるが、道具などの実物で構成された「資料」には、それが作られた年代が書かれることはめったにない。残念なことに、考古学者が扱うのは後者の「資料」なのである。そこで、考古学者は「資料」から年代を読む方法を考え出した。それは物の形態的な変化に規則性を見出し、これを時代を表す指標とすることであった。

土器が時代を表す理由

ところで、形態的な変化はすべての実物資料に同様に現れるわけではない。例えば、狩りや漁の道具を見てみると、昔から現在にいたるまで、その形はほとんど変わらないことがわかる。こういった道具には技術的な能力が求められるため、その形もかなりの程度まで完成されている。そこにはデザイン性が入り込む余地は無い。一方、食器や衣類の場合、食事を盛る、暑さ寒さから身体を守るといった基本的な機能さえ充たされていれば、その形は様々に変えることができる。素材によっては色や模様に工夫をこらすことも可能だ。デザイン性の入り込む余地が十分にある。特に、土器は焼成《しょうせい》する前であれば表面を自在に扱えるし、一旦これを焼成すれば、こなごなに崩れてしまわないかぎり長期間残存する。

つまり、土器には人々の嗜好、しかも時代や文化を反映するいわば流行のようなものが刻まれている。また、長く残存するために、考古学者にとっては時代を読みとるための最も重要な資料となりえたのである。これを基本にして各時代の土器を時代毎のセットで表す、つまり編年という作業が行なわれるようになり、考古学の基礎ができあがった。これが最初に行なわれたのは現在のイスラエル地域であった。それは十九世紀末のことである。

エジプトやメソポタミアでは、金銀をふんだんに用いたきらびやかな遺物が続々と出土し、世間をにぎわしていた。一方、当時のパレスチナでは、発掘調査は多く行なわれていたにもかかわらず華美な発見物はほとんど無く、出土するのは土にまみれた土器ばかりであった。このことがかえって研究者の目を土器に向けさせ、その結果現代考古学の基礎が築かれたのである。

さて、このデザイン性であるが、個人的な嗜好、文化や地域性、時代と、いくつかの側面に分けることができる。例えば、ここに信楽《しがらき》焼《や》きのコーヒーカップがあるとしよう。信楽焼きであるから日本文化を示すものである。コーヒーカップは昔の日本にはなかったものであるから時代的には新しいといえる。その模様や色合いには、作者の個人的な嗜好が表現されている。考古学で解明されなければならないのは、個人的な嗜好ではなく文化や時代である。したがって、このコーヒーカップについて考古学者が着目しなければならないのは模様や色合いではなく、信楽焼という焼成の特徴とコーヒーカップという形である。考古学的な編年は、あくまでも文化や時代を示すと思われる焼成の特徴や形態の変化を基本として組み立てられる。

土器が映しだす古代人の息吹き

パレスチナ考古学の土器の編年を確立したのは、イスラエル人女性考古学者のルート・アミランである。

二十世紀の半ばになると、外国人ではなくイスラエル人の考古学者がいわゆるパレスチナ考古学の担い手として活躍し始めた。彼女はそうしたイスラエル人考古学者の第一世代の一人である。

イスラエルの大学における考古学の授業で学生たちが最初に学ぶのは、アミランが土器の口縁部、胴部、底部といった形態を基本として確立した編年を頭にたたき込むことである。定期試験では、こういった勉強の成果を理論と実技を合わせて三時間ほどかけて試される。考古学の基本とも言える授業であるから、学生たちも一生懸命である。有土器新石器時代から鉄器時代までの土器群のバリエーションを、実物を目の前にしながら理論と感覚をまじえながら覚えていく。「そんなことが可能だろうか」と、最初は誰もが思うに違いない。ところが一生懸命勉強するうちに、不思議と時代毎の土器のイメージが心に焼き付くようになるのである。

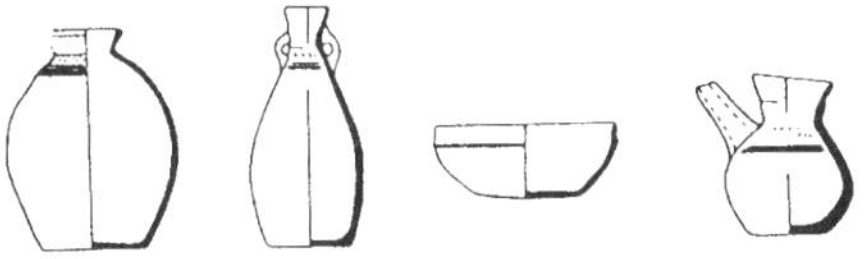

青銅器時代中間期（前 2300 ～前 2000）

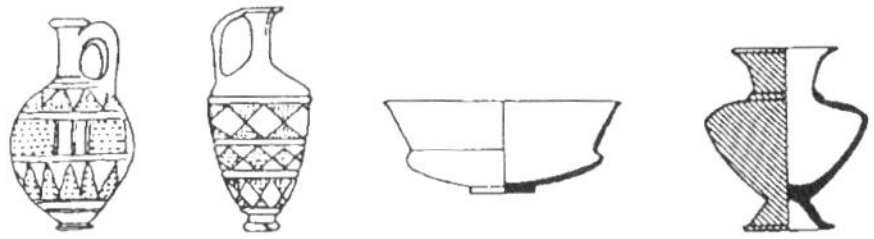

中期青銅器時代（前 2000 ～前 1550）

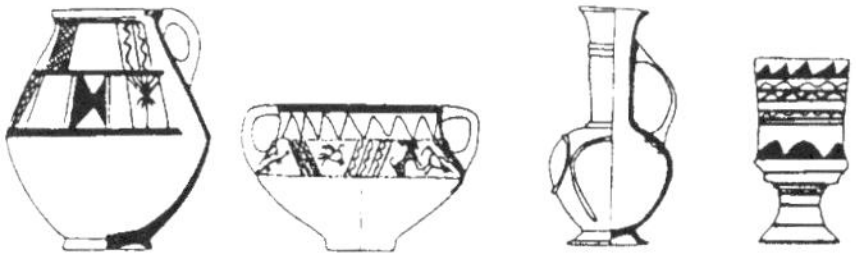

後期青銅器時代（前 1550 ～前 1200）

　ある日のこと、エルサレムにあるイスラエル博物館に行った私は、時代毎に並べられたケースの中身が眼中に入るか入らないかのうちに、すでにそのケースの中にただよう雰囲気のようなもので時代を判別できることに気がついた。

シャープなラインと繊細な雰囲気、なめらかな表面、これらは後期青銅器時代の輸入品を中心とした土器群である。緑がかった粗い生地、ずんぐりしたライン、これらは青銅器時代中間期の土器群である。しっかりした艶のある赤色の容器や、たくさんの針穴で飾りを施した黒っぽい小水差しは、中期青銅器時代の土器群である。確かに、土器には時代や文化が反映されていた。まるで、ケースの中からそれぞれの時代を生きた人々の息づかいが聞こえるようであった。

明日の一雨は埋もれていた古代人の息吹きを蘇らせるに違いない。

「テル」は宝の山
——層位学とは

古いものから新しいものの堆積物

考古学の柱の一つが土器の編年だとすると、もう一つの柱となるのは層位学である。層位学とはもともと地質学から借りてきた概念で、難しそうに聞こえるが、要するに堆積物は古いものから新しいものへと下から順番に積み重なるという単純な原理である。しかし、この単純な原理が「テル」(遺跡丘)という宝の山を作り出した。

テルとは中近東に一般的に見られる遺跡で、古代の都市が崩壊と建設を繰り返しながら、順番に積み重なった結果形成されたものである。しかし、皆さんは不思議に思われるのではないだろうか。なぜ、古代の都市は次々と同じ場所に積み重なっていったのだろう。

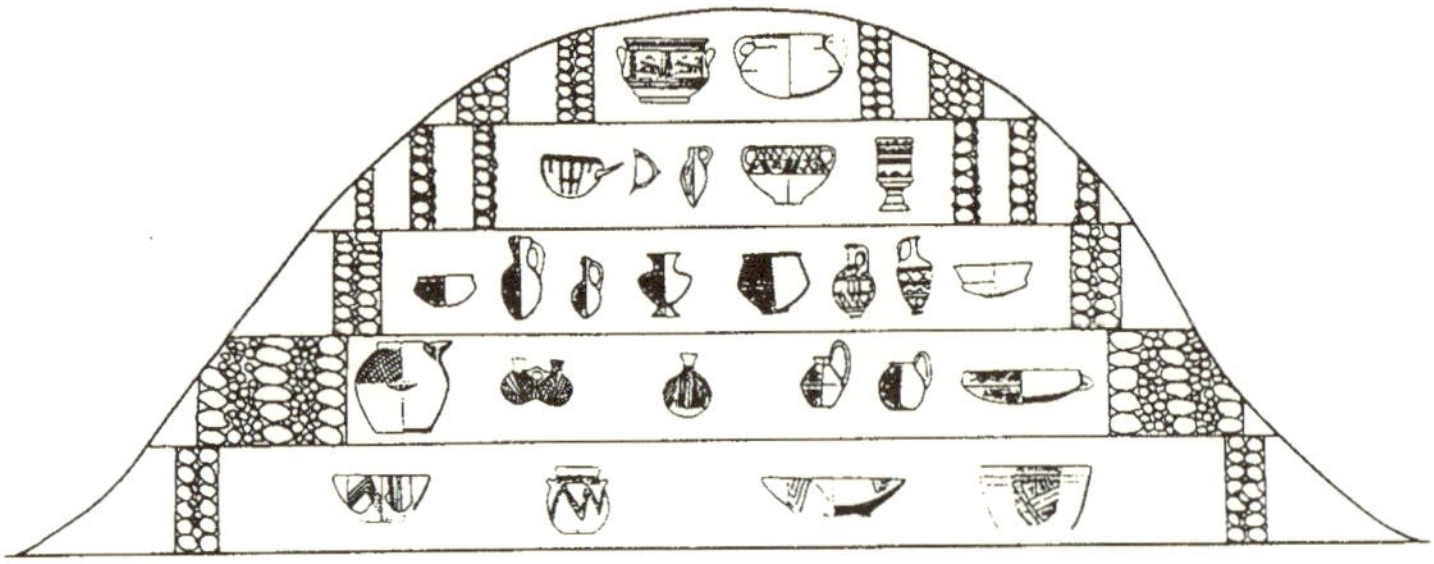

テルの中身と城壁の基礎部が積み重なった様子

中近東において都市が築かれる条件

都市はどこにでも建てられたのではない。いくつかの条件を充たした場所だけが建設場所として選ばれた。その条件とは、豊富な水源、肥沃な土地、便利な交通路、丈夫な岩盤である。定住生活に水は欠かせない。豊かな川や泉があると人々はまず、その近くに住み着いた。しかし、イスラエルを含む中近東にはそういった水源は限られている。したがって、一つの水源は、たとえ都市が崩壊しても新しい住人によって再び利用された。

また、都市生活を営むには安定した食糧を獲得することが必要であった。安定した食糧を得るには、それ以前の狩猟採集生活では充分でない。そこで農耕という食糧生産活動が始まった。そのために不可欠なのは肥沃な土地だが、これも水と同様に中近東では限られた資源である。したがって、都市の建設場所は限定された。

さらに、便利な交通路が近くにあることも都市の条件とされた。都市は他の都市や村とのネットワークの中で存在するものである。交易も交通路が近くになければ行なえない。さらに、丈夫な岩盤も安定した都市を建設するために必要である。最初に都市が建てられた場所は、豊かな水源、農地、そして交通路という条件を備えているだろう。かといって、その周辺に新たに岩盤の強固な場所を探し求めると、すぐに用地が足りなくなってしまう。そこで人々が考えたのは、以前の都市の城壁の基礎部を利用することであった。

かつての城壁を再利用

イスラエルに行ったことのある方は、エルサレムの旧市街を思い出してほしい。大きな城壁に周囲を囲まれた旧市街は、日本人にとってあまりなじみのないものである。しかし、遊牧民や他の民族にいつ攻撃されるかもわからない中近東の都市民にとって、城壁の内側は唯一安全を保証された場所であった。城壁は、石材で強固な基礎部分を建設し、その上部に泥煉瓦を積み上げたものである。塔や城門も備えていた。都市がいったん崩壊し放置されると、煉瓦の部分は次第に元の土へと姿を変える。そして残るのは石材を積み上げた基礎部分である。後にやってきた新たな都市の住人は、この基礎部分を岩盤の代用としてうまく利用したのである。

まず、新しい都市の城壁が古い都市の城壁の基礎部分の上部に設けられる。そして、ちょうどこの基礎部分の高さに合わせて、都市内部の新たな床面が築かれる。その際、都市の内側に放置されていた生活用具や住居の廃材は、地面のすき間に埋められて平らな面を作り出す。そして、この平らな面の上に新たな住居の壁や漆喰を塗った床などが設けられる。この時、一つの都市の生活の形跡はすべて、新たな都市の床の下に封じ込められるのである。

こうした過程が繰り返された結果、都市は徐々に積み重なり、やがては丘状を呈するようになった。丘の高まりが増すにつれ、見晴らしも良くなり防御機能も強化された。また、最初の都市に設けられた貯水槽は時を経るにつれてだんだん深くなり、中には水源まで五〇mにも達する例を見ることができる。

テルの発掘調査の進歩

考古学者にとってはいわば宝の山ともいえるテルであるが、掘らないことには多くのことは見えてこない。そこで発掘調査が必要となる。

テルの発掘調査が始められたばかりの十九世紀には、とてつもない労働力と財力が費やされた。なぜなら、テルを上から順番に全面的に発掘していったからである。子供の頃

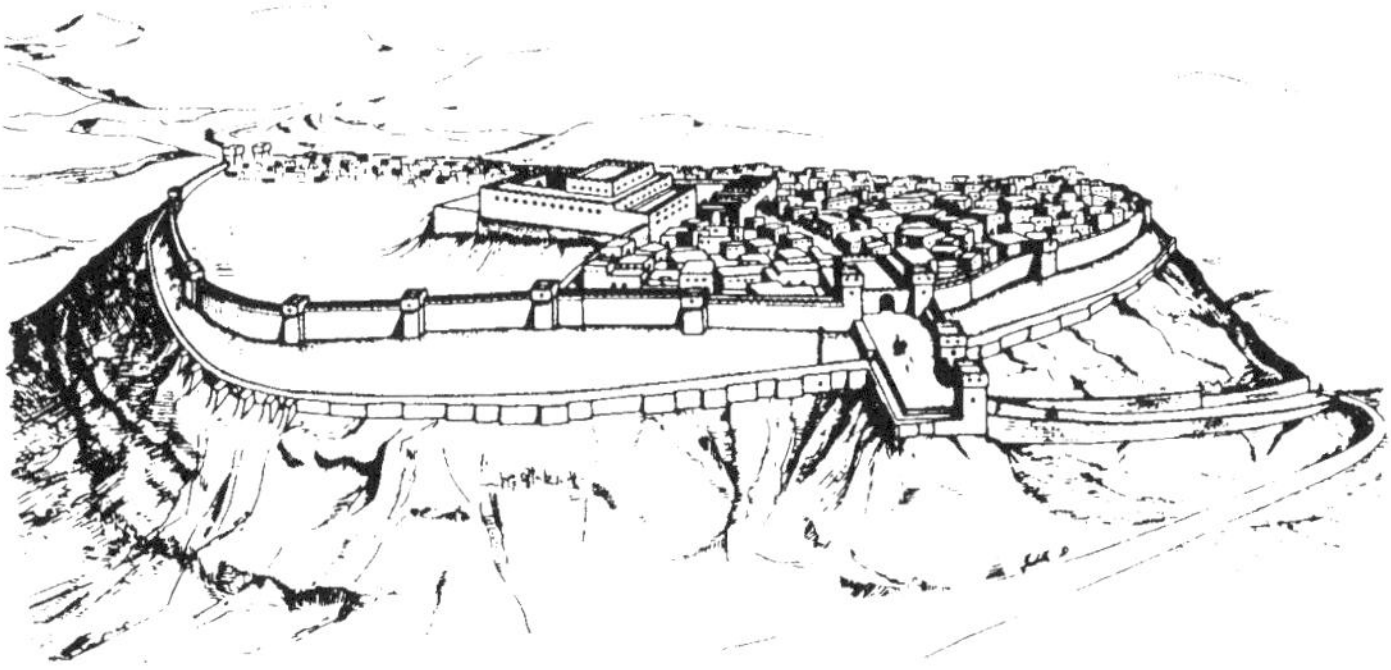

紀元前８世紀のラキシュの再現図

に、ショートケーキをいちご、スポンジ、クリーム……と上から順番に食べて、行儀が悪いと叱られた人はいないだろうか。ちょうど、これと同じやり方である。つまり、新しい都市の層から順番に一枚一枚とはぎ取っていくのである。メギドやラキシュといった遺跡がこの方法によって調査された。

これらの発掘によって各時代の都市がすべて明らかになり、膨大な資料が収集され、後の研究の基礎づくりに役だった。また、都市のプランなど詳細な情報も得られた。しかしながら、一方では、すべてを発掘することによって遺跡が破壊されてしまい、より優れた調査方法が開発された時に再調査を行なう可能性を閉ざしてしまうという欠点もあった。さらにこの発掘方法は、ロックフェラーやロスチャイルドといった富豪たちの協力がなければ、とても実現不可能なものであった。

そこで、考え出されたのが、グリッド法と呼ばれる調査

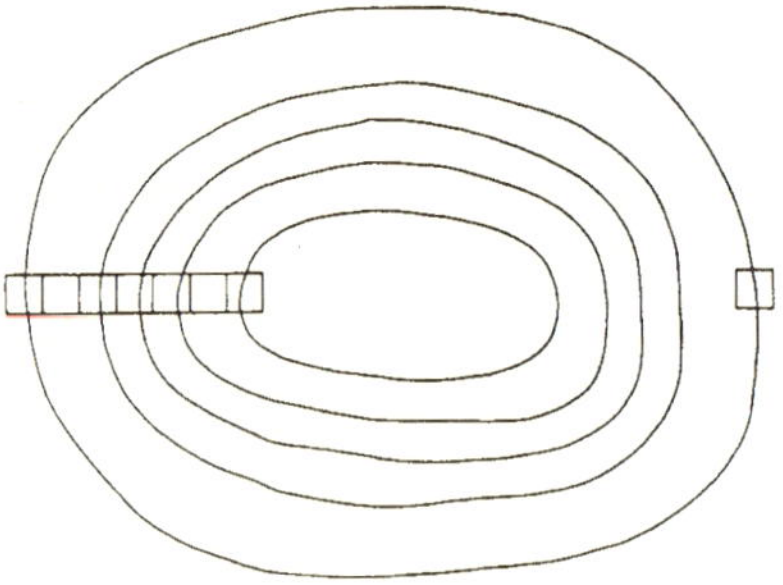

テルを上から眺めたところ。□はグリッド。

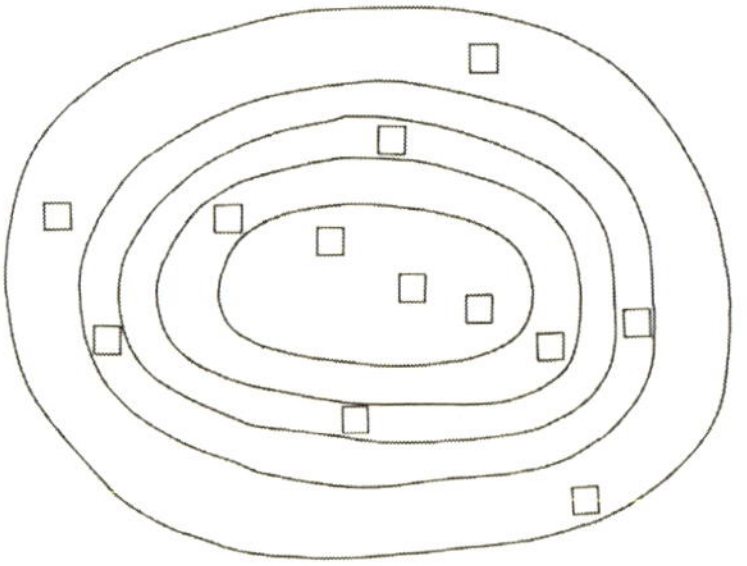

棚の１枚１枚にいくつかのグリッドを設ける方法。(J.Portugal による)

方法である。それはイギリスの考古学者ウィーラーとケニヨンが編みだしたもので、ウィーラー・ケニヨン法とも呼ばれている。これはテルの一部分を発掘することによって、労働力と資金力を節約し、かつ、遺跡の大部分を丘の中に保存できるという画期的な方法であった。この方法では、テルのあちこちに設けられたグリッドと呼ばれる五m四方の調査地区が基本的な発掘対象となる。問題は、テルのどの部分を調査すると効率よく遺跡全体をより正確に解釈できるかという点である。

テルのどこを切り刻む？

その遺跡を正しく把握するために、テルの「時代」と「範囲」という二つの点に絞る必要がある。テルの中にいったいどの時代の都市が隠されているのか、これを判断するため

グリッドを掘る

に、まずテルの斜面に、頂上から裾《すそ》にかけて一列のグリッドを設ける。例えば、ショートケーキの端をお行儀よく一口サイズに縦切りするようなものである。すると、ちょうど各時代の都市の城壁部分を明らかにすることができる。これらを観察することによって、そのテルにいったいどういう時代の都市が隠されているかを判断するのである。

次に、テルの範囲を調査する。テルの範囲は、各都市の面積を明らかにするためのヒントとなる。都市の面積は住人の人口を推定するための重要な手がかりとなる。テルの裾には、先にテルの時代を知るために設けられたグリッドの一部があるだろう。そこには最初に建てられた都市の城壁を見ることができる。この地点からちょうどテルの反対側にある裾に、もう一つグリッドを設ける。ここでも最初の都市の城壁が見つかるはずである。つまり、上から見るとテル円周の直径にあたる二点が判明することになる。これだけの情報から、最初に建てられた都市のおおよその面積を測定することができる。それ以降の都市の面積は、テルが丘状を呈していることから想像がつくように、最初の都市の面積よりも狭くなることはあっても広くなることはありえない。このように、限定されたものではあるが、各時代の都市の範囲についてある程度の判断を下すことができるのである。

さらに、テルの空中写真から各時代の跡である棚状の形を読み取り、それぞれの棚にやや小さめのグリッドをいくつか設け、棚の面積とそれぞれの棚から出土する土器によって時代を判断する、というケニヨン・ウィーラー法の改良型もテルアビブ大学地理学部のポルトガリ博士によって開発されている。

以上のような調査を基本にしたうえで、さらに資金力や労働力に余裕があれば、調査地区を周辺に広げていく、というのが現在のイスラエルやその他の中近東地域で行なわれているテルの発掘調査である。

宝の山をいかに最小限に切り刻んで最大の宝を得るか、日々考古学者は頭を悩ましているのである。

戦争はいつ始まった？

——城壁の意味するもの

カインとアベルの物語をご存じだろうか。彼らは、エデンの園から追放されたアダムとイブの息子たちで、兄カインは土を耕す者、弟アベルは羊を飼う者であったとされる。ある時、カインは地の作物を、そしてアベルは最良の羊の初子を、それぞれ神への捧げ物として献上した。ところが、神はアベルの捧げ物だけに目をとめられた。これに怒ったカインは、アベルを野に連れ出し殺してしまう。（創世記四章参照）

一般的には、カインは農耕民を、アベルは遊牧民を象徴しており、この物語は農耕民と遊牧民の最初の戦争を示していると解釈される。農耕や遊牧といった生業形態が登場するのは今から約一万年前のことである。では、こういった戦いの歴史が考古学的な資料に最初に刻みつけられたのは一体いつのことだろうか。

城壁が刻む戦争の歴史

中東の遺跡を代表する形態にテルがある。テルはいくつもの都市遺跡が積み重なったものだが、これらの都市を取り囲んでいた城壁はまさに戦争が行なわれていたことを証拠づけるものである。

古代の都市は、強固な城壁に加えて、いくつもの見張り塔、そして複雑な構造の城門によって周囲の敵から守られていた。巨大な一枚の城壁は、戦車の出現以後、漆喰で表面をつるつるに固めた土塁や堀によってさらに補強されるようになった。また、いくつもの部屋を鎖状に並べることによって、兵士が常に常駐できる城壁も設けられた。城壁には戦法の歴史が刻まれているといっても過言ではない。

かつての都市は小さな国家のようなものであった。周辺のより小さな村々と連携しながら、その他の都市と様々な関係をもっていた。平和な時はよいが、飢饉などが原因で互いに戦わねばならないこともある。さらに、都市の周辺に存在していた遊牧民やパレスチナ以外の地域からの人々の侵入もしばしば起こる。水源、肥沃な農地、交通の要所を兼ね備えたところにある都市は、外部から見ると妬みの対象となったことだろう。しかし、その中身を攻略するには、まず城壁を打ち破らねばならなかったのである。

最古の城壁はどこ

では、パレスチナで最初にこういった城壁が築かれたのは、一体いつのことであろうか。

かつては、ヨシュア記の記述でも知られるエリコの遺跡が必ずとりあげられた。ここから出土した紀元前九〇〇〇年に遡る巨大な塔と壁の跡は、世界中にセンセーションを巻き起こした。

エリコ

通常、こういった壁や塔を備えた都市は古くとも紀元前三〇〇〇年頃にしか現れない。イスラエルではアラッドの遺跡にその詳細な様子を見ることができる。それは強固な城壁に囲まれ、ほぼ等間隔に馬蹄形の見張り塔が備えられている。ネゲブにあるこの都市は、エジプトに近いためにその脅威に備える必要があったのかもしれない。この遺跡からは、当時のエジプト王ナルメルの名を記した土器片も出土している。

エリコからの発見は、中近東ばかりでなく世界の都市史を塗り替えるものだった。しかしながら、これは逆に悲しい解釈も当てはまる結果となった。世界で最も最初に戦争が行なわれたのはやはり中近東であった、という点である。

エリコの壁は治水用？

しかし後に、エリコの壁と塔の役割として異なる説明が加えられるようになった。治水を目的としたもの、というものである。

エリコは海抜マイナス四〇〇mと世界で最も低い所にあり、かつ、西側には泥炭土で表面を覆われ雨水が浸透しにくい山が迫っている。冬に降った雨は鉄砲水となってエリコの集落を襲ったことであろう。壁と塔はちょうどその西側だけで発見されているのである。ただし、遺跡の東側は現代に行なわれた道路工事によって一部が削られているために、壁の痕跡が見つからなかったということも考えられる。しかしながら、その後の調査によって、ヨルダン川の東側にあるエリコと同時代の遺跡ベイーダでも、エリコと同じような状況が見られることが分かった。また、エリコの壁の外側には土砂が幾層にも堆積し、こ

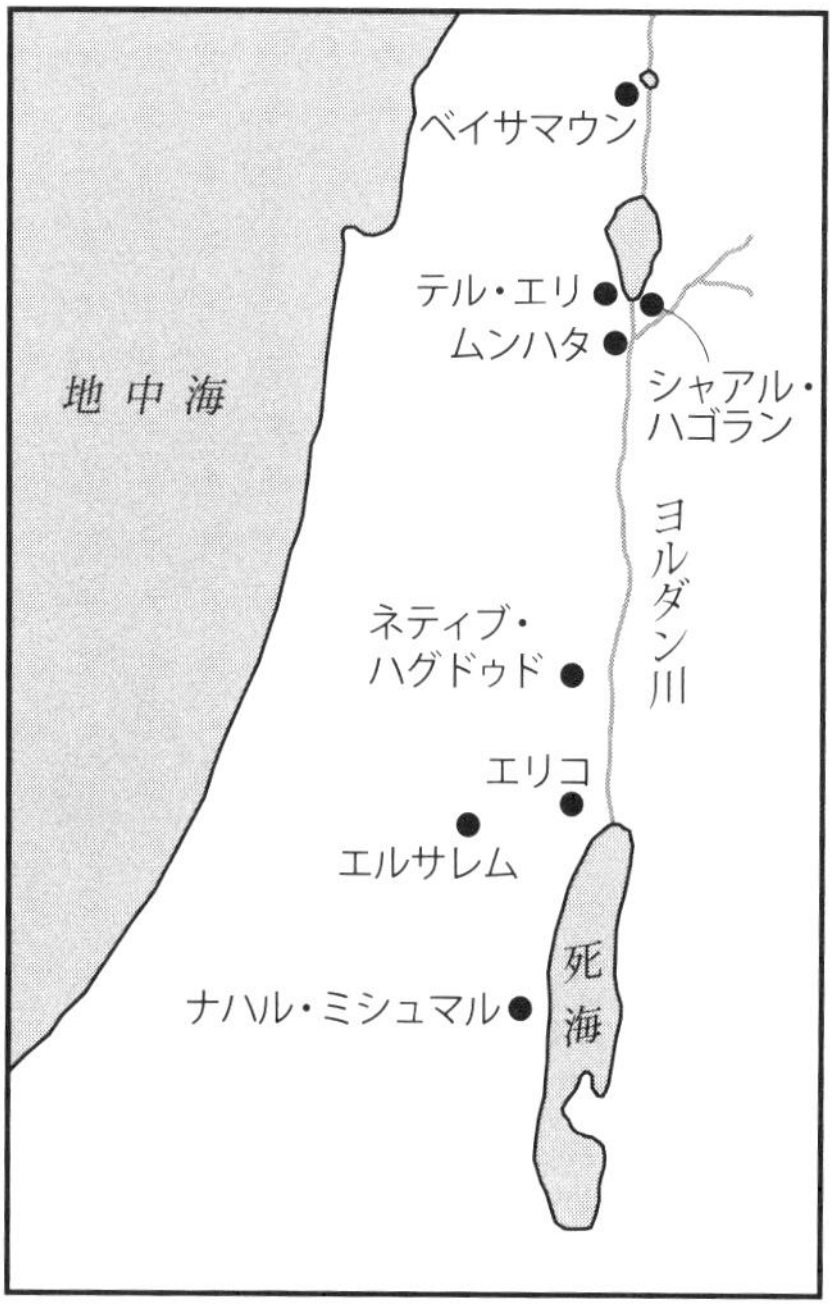

れらを取り除く工事を行ないながら、さらに壁に補強を加えていった形跡がみられるのである。

当時の人々は、川筋に流れ込んだ冬の雨水を受けとめやすい場所を居住地に選んだ（ベイサマウン、テル・エリ、シャアル・ハゴラン、ムンハタ、ネティブ・ハグドゥド）。その理由は、豊かな水と土壌の確保にあったのだろう。パレスチナ地域の水源はメソポタミアに見られるような定期的に氾濫する川ではなく、泉や突発的に降る雨をうまく利用したものであった。しかしながら、そのような場所に住むためには、しばしば引き起こされる洪水に対処しなければならなかった。

乾燥した荒れ野をイメージしがちなパレスチナ地域で思い浮かぶのは、いかに水を獲得するかということである。しかし、人々は水を治めることにも大きな努力を注いでいた。

この点は大変興味深く、また重要な問題である。

ただし、エリコの塔の役割については未解決のままである。現存する塔の上部は保存状態があまりに良すぎる。このため、塔の上部には煉瓦製の建築物があった可能性がある。塔のすぐ北側からは祭祀用品と思われるものが出土しているので、祭祀用の建築物だったとも考えられる。さらに、塔は泉に近いことから、壁と同様に水に関係した施設だったかもしれない。となると、塔に付随していたかもしれない祭祀用の建築物は水に関わるものだったのだろうか。エリコやその他の遺跡からは遺物、人骨に戦争の形跡は見られず、また、遺跡はその後自然に見捨てられてしまった。

最古の戦争の跡？

では、パレスチナで最初に戦争の跡が見られるのはいつであろうか。それは金石併用時代（前四三〇〇～三三〇〇年）であるとの最近の説がある。

この時代には都市は存在しない。当時の人々はネゲブ砂漠やゴラン高原といったところに城壁の無い集落を設け、簡単な農耕や狩猟・採集を行ないながら生活していた。

しかし、一部ではとても奇妙な住居が見られる。それは地下式の住居で、乾燥した気候を避けるためのものと考えられている一方で、防衛の機能を備えていたという説も出されている。つまり、最古の防空壕の跡ということになる。また、この時代に特徴的で、大量に出土している銅製の鎚矛《つちほこ》の頭部は、当時の手動式の武具としてあげられている。ナハル・ミシュマルの宝物として有名なこの一群の銅製品は、一見するととても美しいもので、実際には武具としてではなく祭祀用の行事に用いられたのだという説も否定はできない。

ナハル・ミシュマル（写真：Verner Braun, Jerusalem を一部改変）

　さらに、ちょうど同じ頃のヨルダンでは、ジャワという遺跡が城壁と塔に囲まれた集落として知られている。エリコの壁と塔が治水用ならば、初めて出現する戦争の形跡はこの金石併用時代に見られるということになる。

　その後、戦争の形跡は、城壁や塔ばかりでなく、青銅製の武具や戦いの様子を描いた壁画、互いの町を呪う言葉の書かれた粘土板文書、と様々な考古資料に見ることができる。しかも、それは現代に至るまで増える一方である。

我々がイスラエルで発掘調査をすると、最初に見つけるのは現代の戦時中に掘られた戦闘用の洞穴である。やっかいなことに、兵士たちは深く穴を掘り下げ、その下にある遺跡を破壊している場合がしばしばある。しかしながら、その穴を見ていると祈りたいような気持ちになる。「果たしてここにいた兵士たちは無事だったのだろうか……」

湾岸戦争以来、戦争はスクリーンとコンピューターで行ない、敵に破滅的な打撃を与える時代に突入したといわれる。もはや、遺跡や遺物として残される戦争の跡は減少するかもしれない。皮肉なことである。

体験学習の場は山ほどある

――イスラエルの参加型博物館

参加型博物館という言葉がある。かつての博物館は資料がガラスの箱に入れられており、それを来館者は見るというものであった。これでは来館者は受け身で学ぶしかない。もっと積極的に博物館に関われるようになれないものだろうか。そういった反省から、最近の博物館では体験学習のコーナーを設けたり、資料調査そのものに来館者が係わる機会を設けたり、と、資料収集やその他の博物館活動に参加できるような工夫を設けている。

考古学の場合、遺跡そのものが体験学習の場となりえる。そこには遺物としての資料が存在するだけではなく、調査法や古代の生活環境にも触れられる場が存在するからである。国全体が遺跡の宝庫であるといっても過言ではないイスラエルには、こういった体験学習の場が山ほど存在する。そして、実際にイスラエルでは、様々な遺跡が観光や教育に充分に活用されている。

テルを形成した遺跡を観光に活かす難しさの一つは、テルに含まれたどの時代の都市を見せるかという点にある。テルに各時代の都市が堆積しているという点は既に記したが、観光用にその一部を見せるということは、その下にあるひとつ古い時代の町の跡が隠されてしまうことを意味する。また、当然のことながら、その上にあるひとつ新しい時代の町は永遠に見られないことを意味する。したがって、遺跡のどの部分を、どの層を観光用に残すかを判断する必要がある。

遺跡を理解するために

宗教的な動機に基づいた旅行者が多いイスラエルでは、当然のことながら、宗教的な重要性のある時代、すなわち鉄器時代やローマ時代が選択されることが多い。しかしながら、目の前に見える町だけがその遺跡で発見されたものではないことを、その下にはまだ多くの町が眠ったままであることを、頭の中に置いておきたい。

観光用に選ばれた町の部分はその後風雨にさらされることになる。したがって、セメントで固めるなどの保存処理を施したり、強化ガラスで部分的に覆ったりする。また、見る者がわかりやすいように復元も行なう。中には、復元した部分を出土した部分と区別する

ミクネの屋外展示場

ために、白線を書き加える場合もある。

　遺跡の傍らには大抵資料館が設けられているので、テルの全体の構造や観光用に残されなかった層の様子についてはここで知ることができる。また、それぞれの層から出土した代表的な遺物を見ることもできる。

　中にはテル・ミクネのように、さらに屋外展示場を設けて、出土した道具の使用法を来館者が体験できるようにしたところもある。油絞り、粉挽き、など様々な道具の複製が置かれ、実際にこれらを動かすことによって出土物をより理解することができる。遺跡を訪ねるだけでなく理解することを目的とする、まさに参加型博物館である。

エルサレム旧市街——古代を体験できる町

最大の参加型博物館は、何といってもエルサレムの旧市街であろう。城壁に囲まれた町はテルの最上部にあたり、ここに生活する人々は今でも遺跡を作り続けているといえる。通常ならば、テルの中身を見ることは不可能なはずだが、そこかしこをうまく掘り下げ、かつての町の様子を見ることができるように工夫がされている。

例えば、シオン門近くにあるカルドは、紀元一三五年にハドリアヌス帝が着工し、ビザンチン時代のユスティリアヌス帝が完成したものである。この遺跡は両側に石柱が並ぶ二二・五m幅の舗装道路で、現在は一部修復されて近代的なショッピングセンターとなっている。まさに、ローマ時代の町を歩いているような気分になる。

また、これもシオン門の近くにある「焼けた家」は、ローマのティトス将軍が倒壊した家の跡である。道路より六m下で発見されたが、火災で焼け落ちた際に灰の層で埋まり、生活の跡がそのままの形で埋まっていた。遺跡をそのまま建物で覆うように博物館が建てられており、発見された四つの部屋、入り口ホール、台所、沐浴用の水槽を見ることができる。

ダマスカス門の下には紀元二世紀にローマのハドリアヌス皇帝がエルサレムを占領した

カルドの復元図

際に先勝を記念して建てた三重の門の遺跡がある。ここはローマン・スクエアと呼ばれ、当時の通りや門に触れることができる。時代をさかのぼると、約七m幅の前七世紀の城壁の一部である「広い城壁」や、地表から約一〇m下に発見された第一神殿時代の「イスラエルの塔」、などなど枚挙にいとまはない。

城壁の中の町を少し上ったり下りたりするだけで、時間と空間を自由に動き回れる……。エルサレム旧市街はまさにタイムトリップの町である。

イスラエルと日本の遺跡保存の違い

遺跡と共に生きるといった様子は、宗教を重視するイスラエルならではのことかもしれない。

以前、ヤッフォ門の近くで行なわれた開発計画マミラ・プロジェクトの最中に、ビザンチン時代の墓を含む遺跡が掘り出されたことがある。墓に刻まれていた文字はギリシャ語だったのでキリスト教の施設であろうと判断され、それは調査後撤去されることになった。しかし、これに猛反対をしたのは超正当派と呼ばれる熱心なユダヤ教の信者たちである。彼らは、埋葬されたのがユダヤ人かもしれない、という理由から墓には手をつけないよう要求した。

工事は中断されたが、結局、市の考古局が抗議を無視して墓の撤去許可を出したため大騒ぎとなってしまった。開発の妨害となることがわかっていても、宗教上の理由から簡単に遺跡を撤去できない。それがかえって遺跡を保存し、これを現実の生活に活かす原動力となっている。

これに対して、遺跡の発掘数はイスラエル以上ともいえる日本だが、こと保存や観光面への還元という意味では遅れをとっているような印象がある。土地が狭く、しかも遺跡が上下に積み重なるのではなく、平面的に広がる日本では、開発と発掘がしばしば衝突する。しかも、天皇陵の古墳を除いては、遺跡を必ずしも保存しなければならないという法律はない。

しかしながら、世間の声の高まりに応じて、遺跡の保存が建築工事に優先する例もしばしば見られる。最近の例では青森県の三内丸山遺跡が良い例である。ここから発見された大規模な縄文時代の集落は、予定されていた野球場の建築工事をついに中止に追い込んだ。これは、文化財に対する日本人の理解が高まってきたことを示す一例であろう。

しかしながら、エルサレムのように現代の町が遺跡と一体となりつつ共存しあう例は日本には無いのではないだろうか。散歩がてらに縄文の村を眺め、そのついでに、ドングリやシカを使った縄文料理を楽しめるレストランがあれば、どんなに楽しいだろう。さらに、「実演手打ちうどん」さながらに、ドングリのあく抜きや粉に挽く様子を同時に見学できればどんなに興味深いだろう。

ただし、将来この縄文レストランを発掘する考古学者は、客が置き忘れた腕時計を発見してとまどうに違いないが……。

水の中にも貴重な遺跡

——水中考古学のこと

聖書、都市、砂漠、遊牧民、人類の始まり……と、イスラエルを主要なフィールドとする考古学の研究テーマは数多くある。この中に水中考古学が含まれることを皆さんはご存じだろうか。

琵琶湖で始まった日本の水中考古学

水中考古学は、文字どおり水没している遺跡や遺物を研究する考古学の一分野である。日本では、小江慶雄《おえよしお》という学者が琵琶湖の湖底遺跡を研究したことがその始まりとなった。琵琶湖には竹生島《ちくぶしま》という龍神（水の精）をまつった島がある。その周辺の湖底から、様々な時代の土器がほぼ完全な形で見つかることが漁師たちの間で評判になっていた。小江はさっそく水中の調査を行ない、長年水に浸かっていたために湖成鉄という成分が付着した多くの資料を発見したのである。

なぜ、このような土器が水の中に沈んでいたのかは、未だに謎である。一説によると、湖水の対流が大きいこの付近では、交通の安全を祈願して船上から土器を水の中に投げ入れたらしい。発見された資料は、この儀式が縄文時代から行なわれていた可能性を示唆している。これ以後、琵琶湖地域では独自の水中考古学研究が進められた。

八〇年代には粟津貝塚が発見され、世間をにぎわした。それは、やはり漁師の網にかかった一つの土器がきっかけとなって発見された縄文時代の遺跡である。琵琶湖の出水口に近い浅瀬にあったので、よく見ると貝塚の堆積層が水の上からも透けて見えたらしい。その調査は大規模で少し変わったものとなった。遺跡の周辺に矢板を打ち込み、その中から水を汲み出して遺跡を露出させる方法が採られたのである。その結果、世界最大の淡水貝塚が発見された。縄文時代の食生活を詳しく知る上で貴重な資料である。

イスラエルは重要なフィールド

さて、小江が琵琶湖で水中考古学を始めるにあたって参考としたのは、アメリカ人のジョージ・バスという研究者が開発した方法であった。彼は、主に地中海地域で近代的な

テル・ナミの発掘

方法に基づいた調査を行なった。その成果はアメリカのテキサスA&M大学に受け継がれ、世界の中心的な機関の一つとなっている。この大学の学生たちが重要なフィールドとしているのが、イスラエルの地中海沿岸部の遺跡である。ハイファ大学の海洋考古学研究所との共同調査も行なわれた。

かつて、地中海沿岸のテル・ナミという遺跡の発掘調査に参加したことがあった。隊員たちは無類のダイビング好きで、昼休みや午後になると、皆こぞって潜りに出かけていた。

水中考古学といっても常に水中で作業をするわけではなく、渇水等によって一次的に陸に姿を見せる遺跡についても調査を行なう。この場合には、水位の変化が遺跡に与えた変化などを知る上で水中考古学の特殊な知識が活かされる。

もちろん、全く水中だけで行なう作業もある。耐水性の筆記用具を用い、土煙で視界が遮られないように泥や土をポンプで吸い込みながらの作業となる。こういった作業で明らかにされるのは、かつて陸地であったことを示す集落やその生活の跡、そして沈没船やその積み荷である。

沈没船の資料は水中考古学でしか得られないもので、かつての交易のあり方を通して地域や文化の交流を知ることができる。ダイビングスーツを身にまとい、アンフォラ（かつて、油やワインを運ぶために主に地中海地域で用いられた大型の壷）を手に取る考古学者の姿は水中考古学のシンボルともいえる。

水中考古学の歴史

単に水中で作業をするだけの違いとはいっても、そんなに簡単なことではない。安全に調査を行なうために先人が知恵を絞った結晶なのである。水中考古学の歴史を探ってみると、まるでSF映画を見るようでとても興味深い。

二十世紀初頭の映画で、ジョルジュ・メリエスという人が作った『月世界旅行』（ジュール・ヴェルヌ原作）をご存じだろうか。六人の学者を入れた砲弾を月に向かって大砲で打

釣鐘

ち上げ、その砲弾は月の顔面に見事に命中。学者たちは月の住民と初めて出会うという物語である。初期の水中考古学はこれに近しいものがあった。

十七世紀の終わりに最初に試みられたのは大きな鐘に人が入り、これを水の中に降ろすというものである。鐘の中には空気が閉じこめられているので、短時間ではあるが、この中で作業を行なうことができる。ところが鐘の中でしか動けないのが難点である。

「もっと自由を」ということで、十八世紀のはじめに考えられたのが、小さな窓をつけた樽に人間が入るというものである。樽には二つの穴が開けられ、そこから手を出せるようになっている。しかし、水圧のためにその穴から水が入ってしまい、結局これは失敗に終わった。

十九世紀の終わりにはダイビング用品の元祖ともいうべきものが開発された。空気を入れたタンクを背負い、バルブを口にくわえる。鼻はクリップでふさぐ。しかし、水中眼鏡はまだ開発されておらず、ダイバースーツはウール製だった。さぞかし寒かったであろう。その後、ゴーグルが発明され、水の中でも視界が利くようになった。また、ゴム製品の開発はダイバーの身体を水の冷たさから守った。こうして、現在の水中考古学の基本的な道具がそろったのである。

碇石

イスラエルでは、各地で行なわれた水中考古学調査が着実に成果をあげている。地中海沿岸部では、カルメル山に近いアトリット・ヤムで新石器時代の井戸が、カエサリアやアポロニアではローマ時代の、そしてパルマヒムでは後期青銅器時代以降の港の跡と各種の碇《いかり》が、ツェドット・ヤムでは船着き場と女性像が、それぞれ見つかった。また、ガリラヤ湖周辺からは、ヘレニズム・ローマ時代の港の跡と碇が、さらに旧石器時代のいくつかの重要な遺跡が見つかった。どの遺跡も、昔の水辺が人の居住や重要な交通の拠点としてにぎわっていたことを示すものである。

特に地中海沿岸部における研究成果については、ハイファ海洋考古学博物館で見ることができる。船や交易の歴史、海洋交通にまつわる様々な信仰、地図の歴史、などが大量の出土品とともにわかりやすく展示されている。

骨董屋ピンクスとの出会い

博物館では出土物に触ることができないが、骨董屋では可能である。昔ながらの港町であるジャッファには骨董品店が何件も並び、そこには付近の水中から拾われた出土品が納められている。

ある日、このうちの一軒を訪れた。その店の入り口付近には、水中に長く沈んでいたために有機物がびっしりと付着したアンフォラが陳列されている。思わずそれに引き込まれ店主に話を聞いた。旅行者と思った彼は英語で話しかけてくる。私もそれに応じた。

結局そのアンフォラを買い求め、「他には何があるの？　私はテルアビブで考古学を勉強したのだから良いものを見せてね」とヘブライ語で問いかけた。

すると、彼は口をあんぐり開け、そのうち大声をあげて笑い出した。「こんなに驚いたことはしばらくなかった。僕は君にすっかりだまされていたのか。このおもしろい話をきっとそのうち文章にするぞ」

彼は顔をくしゃくしゃにしながら、奥の棚から二点の青銅製の碇と女神の像を浮き彫りにしたレリーフを出してきた。さらに、彼は一冊の著書を私に差し出した。この店主は日本でも翻訳が出版されている作家、デニー・ピンクス氏であった。

考古学は、時に思わぬ物や人との出会い、そしてプレゼントをもたらすものである。

現代版アダムとイブの物語
——イスラエルの旧石器時代遺跡

「神は自身の姿に似せて男を創りたもうた。そして、この男のあばらの骨から女を創りたもうた」。これは聖書でおなじみの人類創造の場面である。ところが、まさにこの人類の始まりについて世界をにぎわせる遺跡の数々が、イスラエルに存在する。

現代人の祖先は中東から

皆さんは世界史の中で学んだことを記憶しておられるだろうか。現世人の直接の祖先はネアンデルタールと呼ばれるもので、その人骨はアフリカから出土していること。また、その後に進化したと言われ、現代人の直接の祖先と言われるクロマニヨン人は、そのずっと後にヨーロッパに存在していたことを。ネアンデルタール人からクロマニヨン人への進化は、我々の頭の中でほとんど常識となっていたに違いない。ところが、イスラエルでとんでもない発見があった。

なんと、ネアンデルタールの人骨とクロマニヨンの人骨が同時期に出土するのである。しかも、その後さらに発掘調査が進み、クロマニヨンの方がネアンデルタールよりもずっと古いことがわかってきたのだ。まさに、常識をくつがえす大発見である。しかも、このような例は世界広しといえども、イスラエルにしか見られない。

それは考古学的な区分上、ムステリア期（中期旧石器時代）と呼ばれる時代で、今から一五万年から五万年前のことである。遺跡はイスラエル北部のカルメル山系やガリラヤ湖付近の洞窟から発見された。このうち、スフール、カフツェといった遺跡は今から九万三千年ほど前ものので、ここからはクロマニヨン人の人骨が出土している。そして、今から五万八千年ほど前のアムッド、ケバラ、ハヨニムといった遺跡からはネアンデルタール人の人骨が出土しているのである。

この分野における代表的な研究者はユダヤ系フランス人のヴァンデルメルシュ教授、そしてイスラエル人のバールヨセフ教授である。以前、琵琶湖を訪れたバールヨセフ教授は、次のように話した。「ヨーロッパ人にとってはショックな結果だったかもしれません。現代人の直接の祖先がヨーロッパから世界に広がったのではなく、実は中東からヨーロッパに広がっていたわけですから。もっとも日本人にとってはどうでもよいことでしょうが」

旧石器時代遺跡の発掘

もっと時代が新しい、テルを遺跡の代表とする都市時代の専門家たちはここで少し頭を切り替える必要がある。城壁に囲まれ、そこから出土する土器片から年代や文化を探る都市の考古学とは違って、テル以外の遺跡、つまり遊牧民が一時的に居住した跡や旧石器時代の遺跡からは、当然、城壁や土器片は出土しない。考古学者たちはより繊細な方法を駆使して、そこから出土するあらゆるものから当時の生活の跡を見つけださねばならない。

旧石器時代の遺跡は、雨風を避けるのに都合の良い自然な洞窟の中に発見されることが多い。こういった洞窟の中に堆積した土壌は、何万年もの生活の痕跡をしばしば含んでいる。それは、人骨、当時の主要な道具である様々な石器、彼らが食糧にしたであろう獣の骨や植物などの遺物である。

科学的方法を駆使した遺物調査

遺物は長い年月の間に崩れたり分解している場合があるので、土ごとふるいにかけて調べる細かい作業が要求される。

石器には実に様々な種類と形態がある。人々は大型の獣や小型の獣を狩るため、また、皮を剥いだり、木を切ったり、加工したりと目的に応じて道具を使い分けていた。形だけでなく、微妙な歯の調整も行なっている。単に石器といっても、そこには人々の知恵と技術を垣間見ることができる。

さらに、土そのものの成分を顕微鏡で観察すると、様々な花粉を見つけることができる。木や植物の花粉は、当時の環境が一体どのようなものであったかを知るのに重要な資料なのだ。それだけではない。例えばイラクのシャニダール洞窟遺跡では、人骨のそばに多種多様な花の花粉が残されていたことから、今から五万年も前の人々が死者に花束を捧げていたことが判明した。普通は人骨の一部でしかお目にかかれない彼らを、とても身近な人間として感じられるのではないだろうか。

さらに、遺物やその周辺の土壌には脂肪酸という物質が残されている場合がある。動物の脂肪に含まれているものだが、長年たっても変化しない成分があるので、化学分析によって動物の種類をある程度判別することが可能である。例えば、この石器は鹿の解体に使われた、といったことがわかる。

また、獣の歯も多くの情報を我々に与えてくれる。歯や貝殻は時と共に成長するものであるが、春から夏にはより早く、そして秋から冬にはゆっくりと成長する。したがって、こういった資料の断面を細かく観察すると、そこにはちょうど木の年輪のようなあとが刻まれている。この年輪の最後の部分を見れば、その動物がいつ死んだか、つまり、人々がどのような季節に狩猟を行なったかがわかる。

こうしてみると、一見出土資料が乏しい時代に思えるが、科学的方法を駆使した結果、多種多様な情報が得られることがわかる。「僕たちから見ると、聖書考古学の方法なんて半世紀も遅れているよ」と、バールヨセフ教授は笑う。

クロマニヨン人とネアンデルタール人の違い

さて、こういった調査を積み重ねた結果、イスラエルの中期旧石器時代について様々なことが分かってきた。

まず、道具の違いである。クロマニヨン人は長い形をした石器を、そしてネアンデルタール人は丸い石匙《いしさじ》や三角形の石鏃《せきぞく》を主に用いていた。また、両者が狩りをした鹿の歯の分析によると、クロマニヨン人は一年中、ネアンデルタール人は冬季のみに狩りを行なっていたことがわかった。つまり、ネアンデルタール人は遺跡となった洞窟を季節的な狩猟用に使用していたことになる。

さらに、両者の人骨には違いが見られる。クロマニヨン人の頭骨はより高く、その顔はやや平べったい。また、手足もより長いために、背丈もクロマニヨン人の方がやや高かったことが想像される。恐らく、ネアンデルタール人はより寒さに強い体格であったのだろう（生物学でいう「アレンの法則」に基づく）。これらの解剖学的な特徴から、クロマニヨン人とネアンデルタール人は、それぞれの環境に応じた特徴的な行動様式を持つことが明らかとなった。

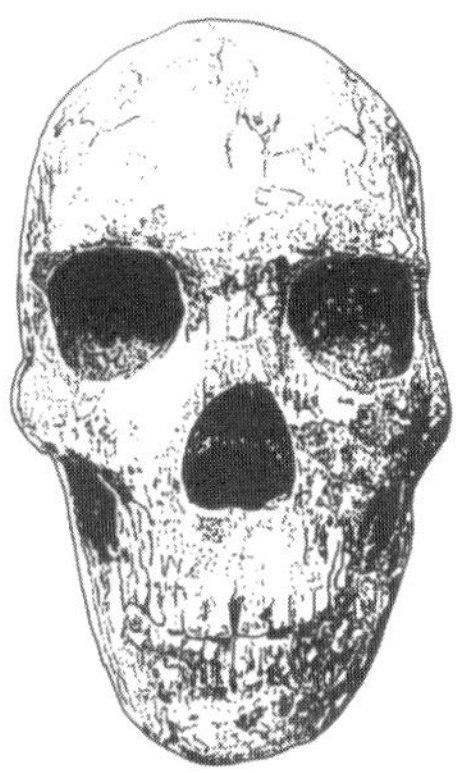

ネアンデルタール人の頭蓋骨
（アムッド出土）

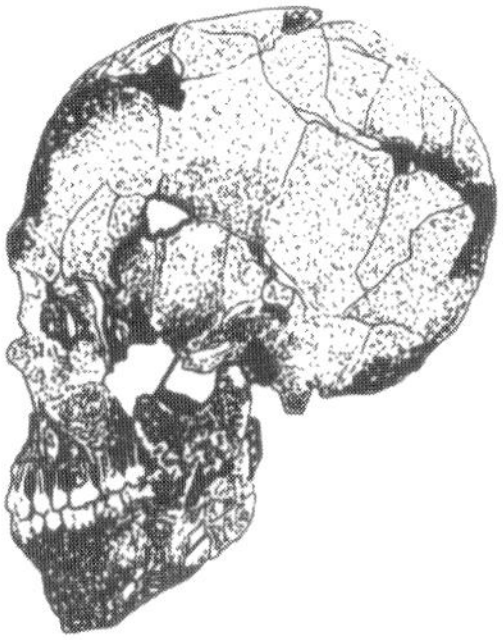

クロマニヨン人の頭蓋骨
（カフツェ出土）

求人の移動の仮説

こういった事実から導かれた一つの仮説は、気候と環境の変化に適応した人の移動である。おそらく最後の氷河期の氷期に、イスラエルに居たクロマニヨン人は南のアフリカ地域へ移動した。これは、アフリカの南部と東部で発見された人骨から、今から約十万年前に起こったと考えられる。それから約三万年ほど後に、今度はヨーロッパに居たネアンデルタールが南のイスラエルへ移動し、独自の進化を遂げた。そして、先にアフリカに移動していたクロマニヨン人は、今から四万年ほど前の気候が暖かくなった時期にヨーロッパへ移動した。

イスラエルはヨーロッパ、アフリカ、アジアと三つの大陸をつなぐところに位置する。このために、古代より人と物の交流が著しいという極めて特徴的な条件下にあった。このことは人類の始まりの時代から影響を及ぼしていたらしい。しかし、以上のことはあくまでも仮説であって、真実は今後の調査のさらなる進展を待たねばならない。

現代版アダムとイブの物語は、まだ始まったばかりである。

掘らない遺跡？

——テル以外の遺跡について

「やっぱり古墳や城郭はいいねえ。必ずしも発掘しなくても情報は得られるんだから……」と、日本の歴史時代を専門とする考古学者の知人が言う。「それに比べると弥生時代や縄文時代の集落は、掘らなきゃ何もわからないもの」

日本は古来より木材を使った住居が主流である。木材は年月が経つと腐ってほとんど残らない。したがって、弥生時代や縄文時代といった古い住居跡は、ほとんどの場合、柱穴と呼ばれる柱の跡から判断するしかない。しかも、柱穴さえ土の中に埋もれてしまっている。住居の基礎部が石材で建造されているためにテル（遺跡丘）が形成される中近東とは全く異なる状況である。

しかし、日本でも石材を主に利用した建造物がある。それは古代の豪族の墓である古墳や、歴史時代以降に主に見られるようになる城郭である。これらの遺跡はテルのようにいくつも都市が長年に積み重なった結果形成されたものではなく、一時代限りのものである。したがって、それらが使用されなくなった後に降り積もった土砂や塵を払いのけさえすれば、その形状や方位といった遺跡のおおまかな姿が明らかになる。都市が積み重なったテルの発掘とは違って、いかにして最小限の努力で最大限の情報を得るかといった苦労はない。

では、日本の古墳や城郭のような一時代限りの地上に露出した遺跡はイスラエルには無いのだろうか？　もちろん山ほどある。テル以外の遺跡はすべてそうであるといってもよい。中近東といえばテルを形成する都市遺跡が有名だが、実はそれ以外の遺跡も中近東独特の古代文化について知る重要な情報源である。

具体的には、先史時代の遺跡、遊牧民の遺跡、そして古典時代の遺跡があげられる。先史時代の遺跡は主にテル以前のもの、遊牧民の遺跡はテルとほぼ同時代以降のもの、そして古典時代の遺跡はテルが放棄された後の時代のものである。

先史時代の遺跡

先史時代の人々は、周辺に生息する自然の動植物を食糧とした狩猟採集生活を送って

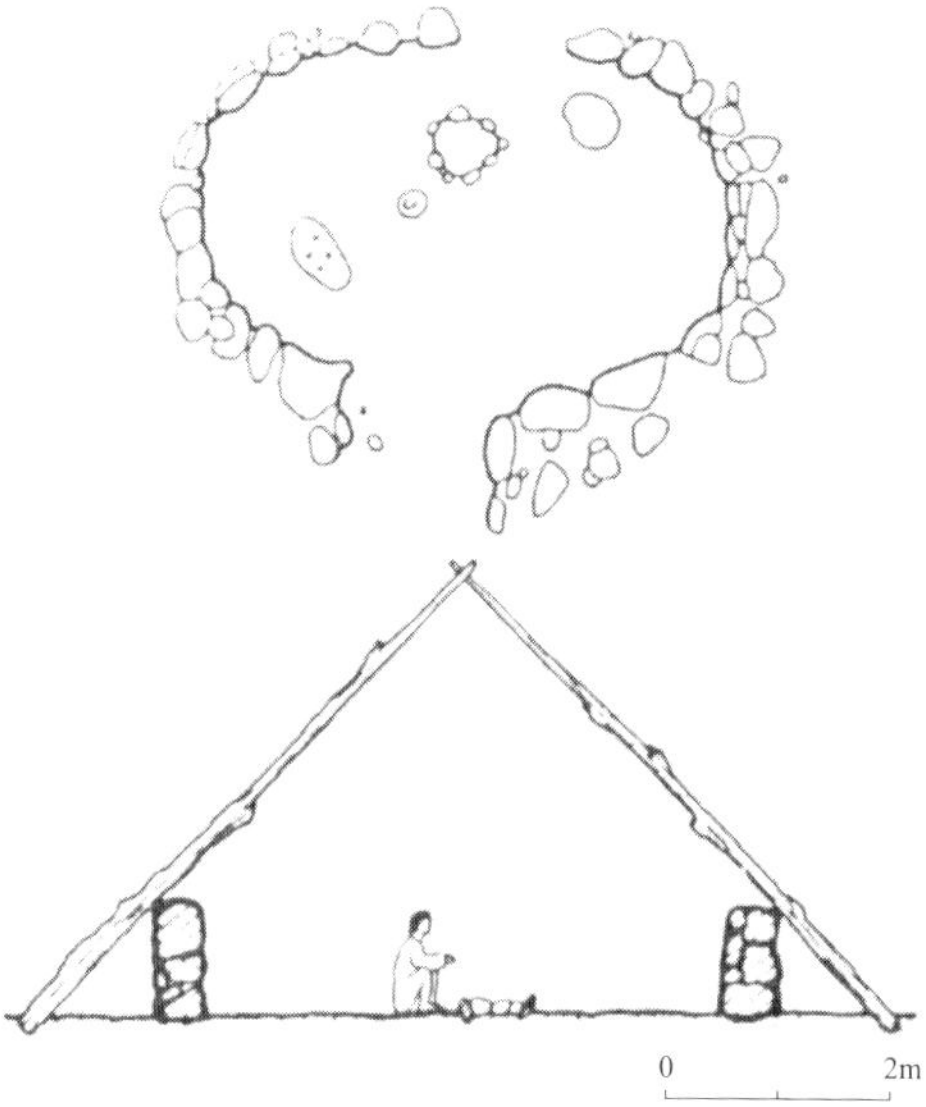

ナハル・オレン遺跡の平面図（上）と断面想像図（下）

"Archaeology of the land of the bible" A.Mazar 1990 p.40 pl.2.3.The anchor bible reference library. Doubleday.

いた。実りの豊かな場所を見つけるとそこにしばらく住み着き、季節が変わって食糧が少なくなると、他に豊かな地を求めて移住する。そんな彼らの住居は、自然の洞窟や岩場、そして小屋といった雨風をしのぐための仮の住まいである。小屋は初期には平面が円形をしたテントのようなものだった。遺跡には簡単な石組みと炉が残されているぐらいで、上部構造は想像するしかない。しかしおそらくは木の枝を使った骨組みと植物を編んだものがかけられていただろう。

少し時代が下ると、平面が四角い簡単な家が建てられるようになる。木の枝を柱とし、その間に手づくねの泥煉瓦を積んだものである。屋根は木の枝と漆喰を固めたもので作られた。どちらも簡素なものだが、一定期間滞在するには十分なものであった。

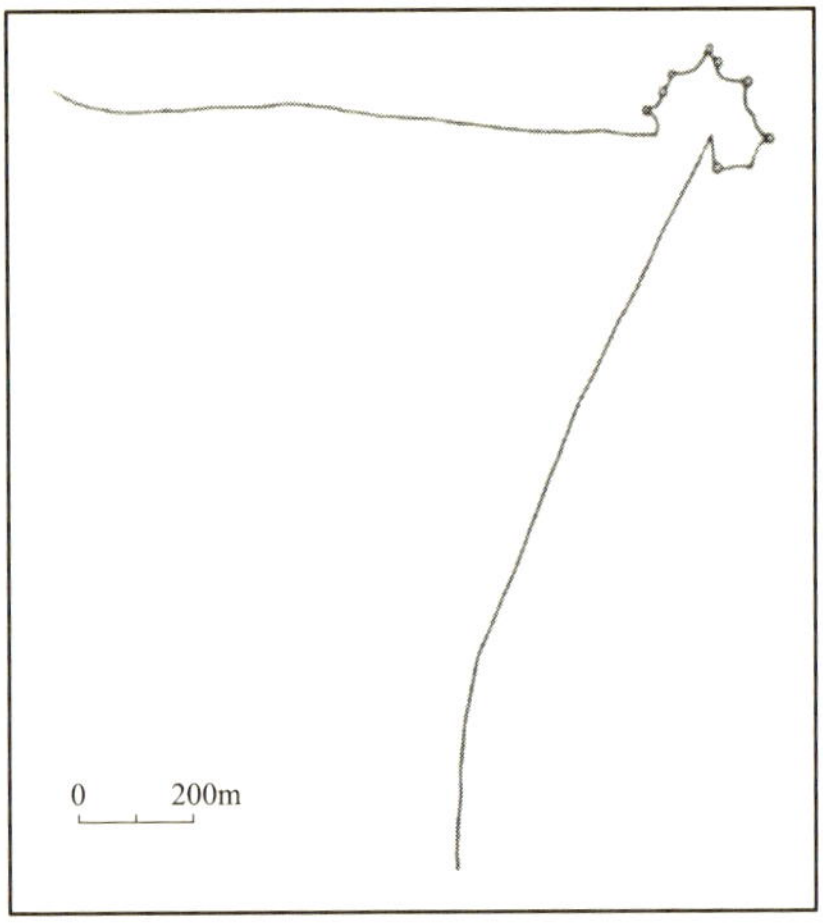

新石器時代の仕掛け罠「砂漠の凧」の平面図

採集狩猟民であった彼らは共同で狩りを行なうこともあったが、砂漠のあちこちにはそのような仕掛けの跡が残っている。「砂漠の凧《たこ》」と呼ばれるものがそれで、獣を追い込むための大がかりな石造りの罠である。

遊牧民の遺跡

その後、人々は城壁に囲まれた都市生活を営むようになった。しかし、都市に住み着かない人々も常に存在した。それは、遊牧民である。彼らは羊や山羊《やぎ》といった家畜を連れ、牧草やオアシスを求めて移動した。とはいっても都市民との関係は密接で、家畜を利用した乳製品や革製品を都市民の産物である穀物などと交換することによって生活のバランスをとっていた。ウル、ハランを経てカナンの地へ入るアブラハム一家が家畜を連れて移動しているように（創世記一一〜一三章）、遊牧はイスラエル人の祖先たちの基本ともいえる生活形態である。

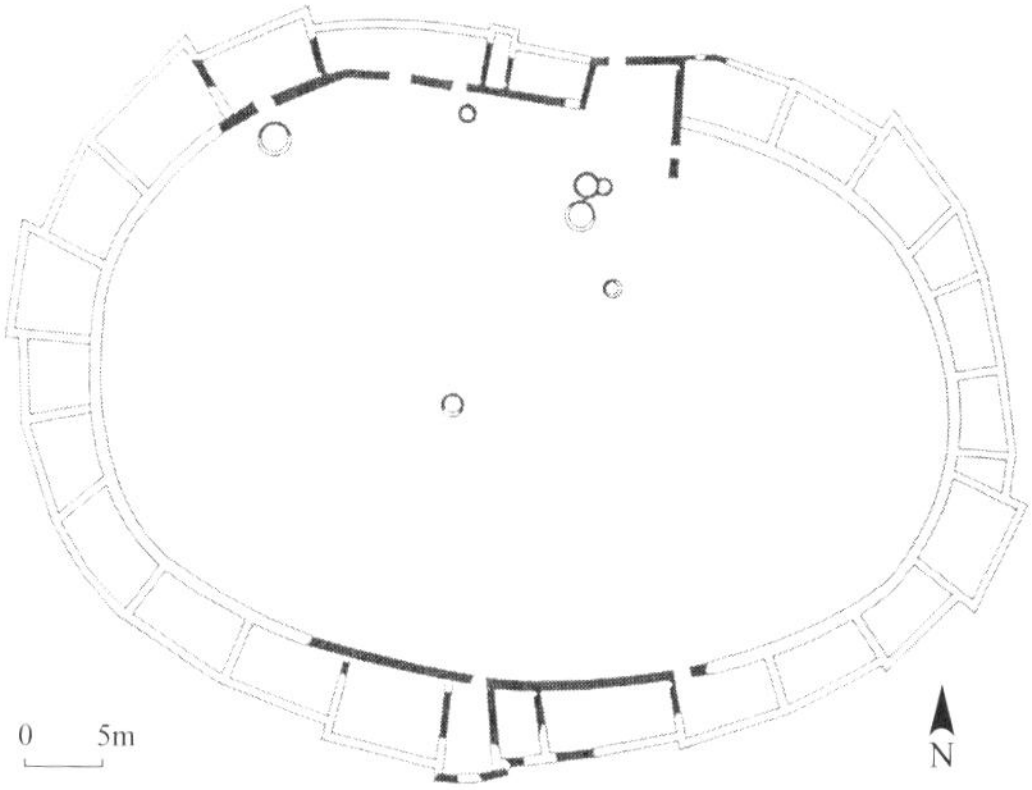

イズベット・サルタ遺跡　初期鉄器時代（第３層）の平面図

彼らの住まいは、今のイスラエルの荒野でも見られるようなテント（天幕）である。何本かの簡単な木の柱にかけた布や革が屋根と壁になる。また、その近くには囲い込みと呼ばれる家畜を入れておく簡単な設備が石で組まれることがある。こういった住まいは、家畜が周辺の牧草を食べ尽くしてしまうと用済みとなってしまい、人々は新たなオアシスと牧草を求めて移動する。後に残されるのはテントの基礎部分ともいえる簡単な石組みと囲い込みである。

　遊牧民であったイスラエル人が紀元前一二〇〇年頃にカナンの地へ定住した頃の遺跡には、遊牧民的な居住形態を残すものがある。例えば、初期鉄器時代のイズベット・サルタは簡単な住居をいくつも鎖状に並べたもので、その内側の空間を家畜の囲い込みとして利用したらしい。

　都市遺跡のテルに対して、先史時代の遺跡や遊牧民の遺跡はルイン（廃虚）と呼ばれる。これらの遺跡は発掘しなくてもある程度の様子がわかるが、建材として木や植物といった腐りやすい材料が用いられているうえに、遺跡が地上に露出し浸食されやすいために、遺跡に残される資料はごく限られている。考古学者は細心の注意を払って遺跡周辺の観察を行ない、なおかつ、現存する狩猟採集民や遊牧民の生活にも眼を向けて、これらを参考資料としながら研究を進めなければならない。

古典時代の遺跡

さて、もう一つ深く掘らなくてもよい遺跡が古典時代の遺跡である。古典時代とはヘレニズム・ローマ時代以降を指す。

テルは様々な時代の都市が積み重なって形成されたものだが、順番に積み重なるうちに、城壁が囲む範囲は狭くなる。そして、ついには一つの新しい都市を設けるには面積が狭すぎるという事態が生じてくる。こうなると人々は別の場所に都市を建設しなければならない。これには新しい水利施設の開発が不可欠であった。というのも、新たな都市ではテルの重要な要素であった水槽を利用することができないからである。イスラエル各地でも見られるように、ローマ人は画期的な水道橋を開発したことで有名である。こうした水道施設の開発によって、テルの貯水槽に頼る必要がなくなった。こうして、人々はテルを

ベト・シェアン

下りて、新たな平地に大がかりな町を建設するようになったのである。

イスラエル各地の遺跡を訪ねると、例えばベト・シェアンやエリコなどのように、テルのすぐ近くにヘレニズム・ローマ時代の豪奢《ごうしゃ》な石造りの町が存在することがしばしばある。これは、やどかりが残した家の跡といったようなものである。家が狭くなり新たな水施設を手にしたやどかりは、別の場所に石造りの新しい町を設け、そこへ移住することに成功したのである。

かつて知人の日本考古学者は、電波を利用した共同研究を行なった。掘らずして古墳の内部構造を解明しようとする試みである。発掘することが許されていない古墳では、画期的な方法である。電波の反射角度を調べることによって、どのあたりにどういう形の石室があるのかを探る。

これこそ究極の手抜き考古学か、と調査を見学させてもらった。が、それは遺跡の表面に電線を這わせ、一〇センチおきに電波の反射角度を調べるという忍耐強い作業を要するものであった。しかも、湿度や温度によって微妙に数値を調節しなければならない。

「発掘したほうがよっぽど簡単ね」ついそんな言葉を吐いてしまった。が、心中ではこの方法が将来改良され、イスラエルのテルの発掘でも使えるほどになればと期待する。テルの中身を全く掘ることなく知ることができれば……。掘らずして遺跡を理解する。これこそ考古学者の夢なのである。

青い瞳のシュロモ

――発掘隊の世話役

その名はシュロモ

考古学というとロマンティックに聞こえるかも知れないが、実際の発掘作業は決して楽なものではない。海外の調査ともなると、ただでさえ厳しい肉体作業に加え、緊張の連続である。プライバシーも無い。約二カ月の調査期間を終えると、まさに心身共に疲労こんぱいという状況である。

こんな生活を陰でしっかり支えているのは、発掘隊の生活面を取り仕切る世話役である。地味な仕事だが、調査が成功するかどうかはほとんど彼らの力にかかっているといっても過言ではない。宿泊所や食事、発掘用具の手配から、病人やけが人の世話まで、一手に引き受ける。

シュロモ

私がイスラエルの発掘調査に参加した時には、シュロモという人物がこの役目を負っていた。彼はドイツから移住してきたユダヤ人で、すでに六〇歳を越えていた。この仕事を手掛けてかれこれ三〇年以上にもなるという大ベテランである。彼の数多いお手柄の一つは、かつてネゲブ砂漠の発掘調査を手伝ったときに、二〇〇名近くを世話し、病人を一人も出さなかったことである。「あの気の狂うような暑さの中で病人を出さなかったなんてほとんど不可能なことさ」と、得意気に語る。

困ったことがあると、何でも彼に頼む。彼は職人的な正確さと誠意をもってこれに対処する。ほれぼれするような仕事ぶりである。まさに一〇〇パーセント信頼できる人物だ。発掘に疲れると、私はよく彼と他愛ない話をして骨休めをした。「僕の仕事には、ゆっくり頭を休めてリラックスして考えごとができる環境が必要なんだ」。そんな彼の言葉どおり、彼の仕事部屋はキブツの空き部屋を仮住まいとした発掘調

郵便はがき

料金受取人払

麹町局承認

5096

差出有効期限
平成23年6月
30日まで

切手不要

102-8790

105

（受取人）

東京都千代田区九段北1-10-5
九段桜ビル2階

株式会社 ミルトス 行

1028790105 17

ご住所 〒 電話 （ ）	
お名前 (ふりがな)	
ご職業	1. 会社員 2. 会社役員 3. 公務員 4. 教職員 5. 学生 6. 自由業 7. 商工自営 8. 農林水産 9. 主婦 10. その他（ ）

愛読者カード

お買い上げありがとうございます。今後の貴重な資料とさせていただきますので、次のアンケートにご協力下さい。小社の新刊やイスラエル物産など、各種ご案内を差し上げます。また、このハガキで小社出版物のご注文も可能です。

●お買い上げの書名

●お買い上げ店　　市 区　　書店　　年 月

●興味をお持ちの分野は何ですか？

1. 聖書　2. イスラエル古代史　3. イスラエル現代史
4. ヘブライ語　5. ユダヤ音楽・ダンス　6. ユダヤ思想
7. その他（　　　　）

●本書についてのご意見・ご感想など、ご自由にお書きください。

■図書注文書

※送料は別途実費かかります。

書　　名	定　価	申込数
		部
		部

※お客様の個人情報は、小社からの連絡のみに使用します。 社外に提供することは一切ありません。

査の宿舎とは思えないほど、いつもこぎれいに整えられていた。花瓶には花が活けられている。ここにすわると、何ともいえず心が落ち着いた。

シュロモとの心のふれあい

私が訪ねていくと彼はいつもハーブティとクッキーでもてなしてくれた。お茶を飲みながら聞いた様々な話はどれも驚くべきものばかりだった。幼少の頃、彼は両親に汽車に乗せられ、単身でドイツを離れたという。青年時代にはキブツの漁師だった。ある時、漁船が波にさらわれ、やっとの思いで岸辺にたどりついた。「あれ以来、水が恐ろしくて泳げないんだ」

地下組織に加わって、英国の支配に対する抵抗運動も行なった。第二次大戦の後、しばらくして、ドイツに残っていた家族全員がアウシュビッツの収容所で亡くなったことを知った。遺品を探しに出かけた彼は、幸運なことにナチスが残していった収容者を撮影した写真の山から、父親の写真を見つけることができた。ナチスが彼を連行する際に撮ったもので、この世の最後の姿を残すものである。シュロモの悲しみと怒りは如何ほどであっただろう。

様々な経験を積んだシュロモの力強く誇らしげ姿は、発掘隊の中でもひときわ輝いていた。しかし、そんな彼も齢を重ね、いよいよ発掘隊の仕事から退かざるをえなくなった。その後、約一五年ぶりに再開された日本隊による発掘調査には、彼に代わって息子ラモンが世話をすることになった。

ラモンは、父親ゆずりの青い瞳が印象的な好青年である。多くを語らず、ひたすら働く。朝食のテーブルにも我々の好みを取り入れようと、魚の缶詰や柔らかく炊いたご飯、そして卵料理と、他の発掘では決して見られないものが並んだ。「どうして日本隊だけ特別扱いなの?」という同じ調査に参加していた外国人の非難の声を耳にしたシュロモは、日本隊を陰から一層支えるようになった。息子に細かい指示を出し、時々発掘現場にやってきては万事がうまく運んでいるか注意深く観察していた。「日本人は感謝する心をもっているから好きさ」。彼はそう言ってウインクした。

エンゲヴでの発掘作業

日本隊が調査することになった遺跡は、ガリラヤ湖東岸のキブツ・エンゲヴの敷地内にある。一九六一年に、マザール、ビラン、ドタン、ドナイェフスキーといったイスラエル人考古学者たちが短期間の調査を行ない、その後、アハロニがここを旧約聖書に登場するアフェックという町であると仮定した。アフェックは、鉄器時代にアハブ王率いるイスラ

キブツ・エンゲヴの風景

エル軍とベン・ハダド王率いるアラム軍が戦った際、敗退したアラム軍が逃げ込んだ町として記されている（列王記上二〇・三〇）。新たな調査は、この頃の町の様子を詳しく調べることを目的としたものだった。

遺跡の周辺にはアボガドや松の木が繁っているため、木陰での発掘調査は実に心地良いものだった。木陰のない遺跡の気温は午前中でも三五度を越え、炎天下の作業は大変辛いものである。これに比べるとエンゲヴは天国で、まさに〝五つ星〟発掘調査であった。

ところが厄介なことに、エンゲヴの樹木はしばしば調査地区の重要な箇所に立っていたため、発掘調査の障害となった。地区を広げるためにはどうしても数本の木を切り倒さねばならない。樹木はキブツの財産だが、やむを得ず許可を得て撤去することになった。鋸《のこぎり》や手斧《ちょうな》などを使って四苦八苦しながらの作業である。樹液が歯にこびりつき、鋸が重くなってくる。石鹸を塗りながら何人もの人が交代で挽く。一本の木を切り倒すのに数日を要することもあった。そんな苦労を経て地区を広げた結果、主として鉄器時代からローマ時代に至る町の跡が明らかになり、鉄器時代の町からは列柱式建物という珍しい遺構も発見された。

発掘終了のパーティーで

すべての発掘作業が無事終了し、部屋で隊員一同がビールを片手に一息ついていたときのことである。突然シュロモが部屋に入ってきた。「調査が無事に終了したことを一緒に祝おうと思って……」。皆で改めて祝杯をあげた。誰もが、彼の影の力がどれだけ大きなものであったかを良く知っている。一同は次々と彼に感謝の言葉を述べた。ややおいて、彼はこう述べた。

「日本隊は私が知る限り最高のチームです。あなたたちと一緒に働けて私は心から幸福でした。ただ、一つだけ悲しく思っていることがあります。それは、キブツであなたがたが切った木のことです。私は若い頃、まだドイツからイスラエルへやってきて間もない頃、このキブツ・エンゲヴに住んでいました。あの頃、いろんな思いを込めて、この枯れた土地が緑豊かな地に変わるようにと願って一本一本植えた木、それがあの木だったのです。発掘成果のためだから、結果的には良かったと思っています。でも、あなたがたが切った木に代わって、私はエルサレムに植樹することにしました。あなたがた一人一人の名前がそこに刻まれています。植樹した記念状を差し上げますから、私の思いと共に大事にして下さい」

そう言うと、彼は隊員の一人一人に記念状を渡した。しばらくの間、言葉を発するものはいなかった。懺悔の思いと共に、誰もが彼の暖かい思いや彼の人生を思い、胸がいっぱいであったに違いない。少しはにかみがちな彼の青い瞳がいつにもまして美しく見えた。

ところ変われば考古学者も変わる？
——日本人とイスラエル人の違い

ここは、テルアビブ大学考古学研究所の一室。机の上に所狭しと並べられているのは、テル・カブリとテル・ハダルから出土した土器片の山である。ここで黙々と作業をしているのはラヘルとミハル。彼女たちの仕事は土器の接合である。

発掘して出土した土器類は、そのほとんどがばらばらに壊れた形で出土する。このうち、接合できそうなものについては石膏で断片をつなぎあわせて全体の姿を復元する。ちょうど立体のジグソーパズルのようなものであるが、すべてのパーツがそろっているとは限らない。忍耐力と微妙な色合いや胎土《たいど》の質感を見分ける審美眼を必要とする作業である。イスラエルをはじめとする中東の発掘調査では、考古学者ではなく美術を専門に勉強した人がこの作業に従事する。

すべての作業に関わる日本、分業のイスラエル

土器片の接合作業をするラヘル

ところが、日本では考古学者もこの作業を行なう。人手が足りないわけではない。考古学はモノを研究する学問であり、モノに直接接しなければこれを理解することはできない。日本の多くの考古学者はこのように考える。

以前、コンピュータを用いた土器の実測図作成機器が紹介されたことがある。実物をその機械の前に置くと、たちどころに実測図が描かれるという代物である。ところが、日本の考古学者たちにはそっぽを向かれてしまった。時間をかけて一つの土器をじっくり眺め、一枚一枚丁寧に実測図を描くことによって、その土器をより深く理解することができるというのがその理由だ。「ですから、機械が描く実測図は日本の考古学には馴染み

ません」と、大阪府立弥生博物館館長で元聖書考古学発掘調査団団長でもある金関《かなせき》恕《ひろし》先生は語る。

土器の接合や実測だけではない。イスラエルでは、学生やボランティアが考古学者の指導を受けながら発掘作業を行なう。そして、調査地区の設定や発掘で出土した遺構の実測は測量技師が、記録写真の撮影は写真家が、出土物の登録はコンピュータを使いこなせる登録係が、出土物の実測図の作成やトレースは上記のような美術専門家が、というように、一連の作業全体が専門家による分業体制で行なわれる。考古学者の仕事は、発掘の指揮と資金集め、そして調査結果の分析である。

一方、日本の考古学者はこれらすべての作業に関わる。もしくは関われるだけの技術を備えている。地面を掘り、遺跡の絶対高を計測し、調査区を掃除し、写真撮影を行ない、遺構を実測し、……さらに調査結果の分析、と日本の考古学者の仕事は多岐にわたる。

もしも皆さんの身近に考古学者が居たら観察していただきたい。写真に詳しく絵もうまい。パズルは上手だし、部屋の整理整頓もその気になれば手早い。腕っぷしも強く、中には地山掘削《くっさく》の免許まで持つセミプロまで居る。もともと芸達者な人たちが考古学に興味を持つのか、それとも考古学を勉強しながら、次第に様々な技術を身につけていくのか、いずれにしろ器用な人物には違いない。イスラエルの考古学者たちもこうした技術を身につ

土器の選別

けていないわけではないが、実際に携わる機会は学生時代に限られるようである。

出土品の保存方法の違い

イスラエルと日本では調査方法も若干異なる。例えば、出土物である土器片の取扱いである。これは、土器が主要な出土物となる原史時代や歴史時代に著しい。

日本では、出土した土器片はどんな小さなものでもすべて保管される。年間約一万件と膨大な発掘件数を誇る日本では、発掘調査と同様にこういった遺物を保管する場所の確保に費用がかかる。一方、イスラエルでは、時代や文化を特定する手がかりになる口縁部や底部といった断片や、接合して全体が復元できる可能性のあるもの、完形品は保存するが、それ以外の土器片は数を記録した後に廃棄される。これを聞いた日本の考古学者は少なからずショックを受ける。彼らにとって出土資料は、それがいかに無用なものに見えても大切に保管すべきものだからである。

一方、イスラエル人考古学者は「仕方が無いさ。しまっておく場所が足りないのだから」と、実にあっさりしている。この対応の違いは一人の考古学者が取り扱う土器の時代幅の違いと関係しているのかもしれない。日本の大半の考古学者が、縄文時代や弥生時代といった限られた時代の遺跡を研究対象とするのに対して、イスラエル人の考古学者は、テルという幾つもの時代の都市が積み重なった遺跡を相手にする（「テルは宝の山」参照）。したがって、一人で数多くの時代や文化の土器を判別しなければならない。土器片の保管場所を充分に確保できないこととは別に、テルという日本とはタイプの異なる遺跡を相手にしていることが、イスラエルの考古学者と遺物の関係を比較的あっさりしたものにしているのかもしれない。

コンピュータ導入に柔軟なイスラエル

この合理的とも言えるイスラエル人の考え方は、調査に統計学的な手法をいち早く取り入れることにもなった。コンピュータを発掘現場に持ち込み、遺構と出土物の関係や、出土物の数、遺構や遺物の出土地点、といった情報を逐一入力する。このデータは後に報告書を作成する際の基本的な資料となり、また、他の遺跡との比較研究をする場合にも有効な資料となる。

一方、日本ではあくまでも手作業が基本である。日々の調査によって得られる情報はノートに書き込まれる。例えば、貝塚に残された獣骨や貝殻といった特殊なテーマに統計的な手法が用いられることはあっても、発掘現場で得られる基本的な情報が統計的に処理されることは一九九〇年代に入っても希であった。その最も大きな理由の一つは、統計学の方法が、一つ一つの資料の個別性を重視する日本の人文系研究者にはなじみにくいからであろう。

統計学では無作為に得られた少数のデータから仮説を導きだしこれを検証するため、網の目を抜け落ちるデータが数多く存在する。これらの抜け落ちたデータはとりあえず端数として無視されるのである。一九九五年度に始まった文部省科学研究費による重点領域研究の一つに「人文科学とコンピュータ」があるが、わざわざこうしたテーマが掲げられるほど、日本の人文系研究者は統計的手法に対して違和感も持ち続けていたと言えよう。イスラエルでも考古学は人文科学の一分野として位置づけられるが、イスラエル人考古学者の方が新しい手法の導入という意味では日本人よりも柔軟なようである。

一九九〇年に始まった日本隊によるテル・エンゲヴの発掘では、発掘中の生活におけるイスラエル人と日本人の違いも見えた。イスラエル人考古学者は、夏季の発掘の過酷な生活状況を利用してダイエットに励んだり、その必要の無い人は体力維持のために甘いお菓子を大量に取る。

一方、多くの日本人考古学者が必要とするものはアルコールである。上記のように実に様々な技を駆使して労働に励む考古学者にとって、仕事の後の一杯は格好の気分転換であり、集団生活を円滑に営むための潤滑油でもある。とりわけ、乾燥した夏季のイスラエルで発掘調査後に飲むビールは最高である。テル・エンゲヴの発掘では、作業が終わる昼間に、そして一日のミーティングの終わりにと、毎日大量のビールが消費された。ついには、ガリラヤ湖の観光船案内所やキブツの売店の在庫を箱ごとすべて買い占めてしまい、空き缶の処分に困ってしまった。「こんな大量の空き缶をごみ箱に捨てるわけにもいかないし、いっそ埋めてしまおうか」

日本人考古学者は器用であるという他に、酒好きというイメージができあがってしまったかもしれない。

琴湖《キネレト》と琵琶湖

——文化間の類似と相違

メンデル・ヌン氏はガリラヤ湖の古代の漁と水上交通の研究に長年携わってきた郷土史家である。以前、琵琶湖を訪れた彼は、琵琶湖周辺で発見された古い漁具や漁の方法を見て声をあげた。「似たものがたくさんあるぞ！」初めて日本を訪れ、聞きなれない言葉や異なる食事が続き少々ホームシック気味だった彼は、このとき日本を身近に感じたに違いない。「ヴィヴァ（万歳）、ビワ（琵琶）！」。即興でこんな歌も飛び出した。

別の地域で見つかるそっくりな道具

異なる地域で似たものが発見された時にまず考えられるのは、それらのものが、直接的、間接的な交流を通して、一方から他方へもたらされたということである。これを伝播という。例えば、パンやカステラ、ジーンズといったものがこれに相当する。ところが、このような交流が無かったにもかかわらず、偶然同じようなものが発明される場合がある。ヌン氏を喜ばせたのは、同じ湖環境に暮らす人々が作り出した道具であった。

こういった漁具は、あくまでも魚を捕るという機能的な必要性から作り出された。したがって、地域や時代を超えて似たものがしばしば見つかる。機能的な必要性、つまり人が生活するのに必要不可欠なものを最小の努力で得るための工夫が施された道具は、漁具以外にも存在する。刃物は切れの良さと扱い易さが、弓矢は飛距離と正確さがそれぞれ要求される。これらの道具は、例えば土器が嗜好《しこう》を反映しやすく流行により様々なデザインを施されるのとは対照的に、あくまでも機能が追求されるシンプルな形態である。そのために、時代を読むための道具にはなりにくい。

『漁撈《ぎょりょう》と狩猟』（雄山閣出版）という本の巻頭写真には、様々な地域や時代の中に見られるそっくりな道具が並べられている。それらは、あたかも世界のあちこちで話される共通語のようで興味深い。多様な文化の中に類似点だけを追い求めるのは何か退屈な気もするが、類似点だけを見つめることにより相違点がより一層浮き彫りになる。あたかも共通語や標準語に着目し、そこから独自の言語や方言へ目を向けるように、文化の普遍性から地域性へと関心は広がる。「伝播」という視点が関心を寄せるのは起源という一つの方向だが、「機能」という視点は時空を超えあらゆる方向へ関心を広げる。

民族考古学とは

このような考え方を考古学に取り入れた分野は、民族考古学と呼ばれる。民族考古学は、出土した資料を解釈する際に、現存する民族の事例を参考にするという特徴をもつ。通常、考古学が対象とするものは、かつての人々の生活の痕跡がたまたま現在にまで断片的に残ったものであるが、これらの断片的な情報では当時の生活を復元するには不充分である。出土物は、いわば使い手がすでに居なくなってしまって用途がわからない道具であり、現存する民族の使用例を手がかりにしてその役割が復元される。

例えば、出土した石斧に似たものを、ある民族が動物の解体に使用していたとする。それならばこの出土物も同様の目的で使用されたと仮定する。

しかしながら、問題点もある。それは同じ形態を持つ石斧でも、ある地域では実用、他の地域では祭祀用と、地域によって異なる役割をもつことがあるからである。この点を解明するには、出土した石斧がどのような遺跡からどのような状態で出土したのか、また、他にはどのような出土物があったのか、といったことと考え併さねばならない。

獣骨が一点も出土しない、石斧に使用痕が見られない、付近から装飾を施した貴重品が出土している、などといった状況ならば、この石斧は実用の道具というよりも祭祀に用いられた可能性が高い。つまり、出土物の見かけだけを比較するのではなく、これをとりまくいくつかの状況を併せて比較するのである。

したがって、民族考古学は遺跡を形成した民族や同様の生活形態が現存し、文化がある程度連続している地域に限って適用されるべき、との慎重な考えもある。例えば、北米インディアン、南太平洋の島々、中近東の遊牧民といった文化である。

ガリラヤ湖と琵琶湖の比較が教えるもの

しかしながら、全く異なる文化の中に存在する類似物の比較は、双方の文化をより深く理解するためのきっかけともなる。類似点と相違点に注目することによって、一つの文化だけを研究していたのでは気づかなかった新たなテーマにぶつかることもある。この意味で、民族考古学は単に民族誌の情報を利用した解釈学にとどまらない分野といえる。

例えば、私は一九九二年以来琵琶湖の仕事にかかわるようになったが、この地域の文化を知れば知るほど、ガリラヤ湖地域への理解も深まった。我々日本人の頭の中には、イスラエルの遺跡は暑く乾燥したところにあるというイメージがある。ところが、水の豊富なガリラヤ湖地域を研究するには、このイメージを排除しなければならない。そのきっかけとなったのが、琵琶湖の文化との触れあいであった。

琵琶湖は、これまで地域の人々に豊富な資源や交通路を提供する一方で、たびたび洪水による水害や便利な地の利ゆえの争いに巻き込まれてきた。これらはガリラヤ湖にも当てはまり、イスラエルの一般的な考古学的状況とは異なる状況を作り出している。例えば、遺跡の形成の仕方である。

通常、イスラエルの都市遺跡は、肥沃な農地、水源、便利な交通路、防御に好都合な見晴らしの良さ、といくつかの条件にもとづいて建てられるため、その場所は限られ、一度都市が設けられると同じ場所に連続して構築される。その結果、テルが形成される。しかしながら、湖の周辺ではこういった条件のほとんどがどこでも手に入るためか、都市を積み重ねる必要が無かったらしい。

ガリラヤ湖周辺では一つ、もしくはせいぜい三つの時代までの積み重なりしか知られていない。また、湖の南に立地する初期青銅器時代のベト・イェラのように、巨大な穀物庫を備えた、まるで都市そのものが倉庫であるかのような遺跡もある。おそらくはここから遠方にまで穀物が供給されたのであろう。水運という地の利を活かした遺跡と言えるかもしれない。

また、都市のプランについても独特である。通常のイスラエルの都市遺跡に見られる貯水槽は発見されない。城壁についても、例えば鉄器時代のエンゲヴ遺跡に見られるように、都市の周囲を均一に取り囲んだものではないようだ。エンゲヴの城壁は、都市の基部に見られる高い盛り土と併せて、水害に対する工夫だったとも想像できる。

このように、イスラエルの他の地域には見られない考古学的現象がガリラヤ湖地域にはある。しかも、それらを理解するきっかけは、意外にも、琵琶湖という湖環境が生み出した文化を見つめることであった。

滋賀県立琵琶湖博物館は、琵琶湖とその周辺の歴史、そして琵琶湖と人の関わりを考えるための総合博物館である。また、琵琶湖にとどまらず世界の湖沼《こしょう》環境への情報発信を試みている。「人と琵琶湖の歴史」展示室の一角では、東南アジアと西アジアの例が比較資料として紹介されている。文化の伝播に注目した比較としては、オンドルや橋脚の遺構といった様々な古代朝鮮半島の文化要素や、東南アジアのエリという仕掛け罠の一種が展示されている。これらは、恐らく農耕の技術とともに、大陸から日本へもたらされたものだと考えられる。

文化の機能に注目した比較展示としては、ガリラヤ湖のヘブライ語名であるキネレトが琴を意味することから、「琴湖《キネレト》の漁、治水利水」と題してガリラヤ湖の漁労や治水利水の文化が紹介されている。琵琶湖がアジアの東端ならば、ガリラヤ湖はアジアの西端にあたる。機能的な比較を強調するためには歴史や文化の伝播といった要素をできるだけ排除したほうが良いので、この地域差は好都合である。しかも、双方の湖とも地域の水瓶として、あるいは古くから漁労と湖上交通の手段として利用されていた。また周辺から湖へ雨水が急激に流入しやすく、かつ湖へ入る川筋がたくさんあるのに対し湖から出る川筋が一本のみであるために、治水の工夫が必要であった。このように、湖と人をめぐる構造的な類似点がいくつか見られる。

これらの点に注目しながら、両地域の漁や水への取り組みを比較する写真の他、ガリラヤ湖東岸のキブツ・エンゲヴにある資料館から譲り受けた漁労用の錘《おもり》が展示されている。これらの展示物を、ガリラヤ湖付近に産出する石灰岩と玄武岩をふんだんに使ったステージがしっかりと支えている。

琵琶湖博物館

琵琶湖を訪問したヌン氏が声をあげたように、それまでイスラエルに無縁だった来館者がガリラヤ湖の文化を身近に感じることができるに違いない。

故ラビン首相の冥福を祈りつつ

――考古学と政治との問題

遺跡の平和利用

一九九五年十月二十六日、中東の和平推進に貢献したラビン首相が極右ユダヤ青年に暗殺された。その後の中東和平交渉の歩みは予想どおり遅々としたものである。各地でしばしば繰り広げられる争いに加え、エルサレムの地下の遺跡の通り道にまつわるイスラエル人とパレスチナ人の衝突という事件もあった。このように、遺跡は民族間の抗争の引き金ともなる。しかしながら、遺跡を和平の進展に利用する方法は無いものだろうか。このことは常に心にひっかかるテーマであった。

考古学と政治は意外な所で結びついている。イスラエルの建国当時、考古学は民族意識の高揚を促す役割も果たしていた。ローマの支配に対する抵抗で有名なマサダの遺跡も

マサダ

ちょうどこの頃に発掘が行なわれた。要塞の中に逃げ込んだ、女子供を含む約九六七人のユダヤ人が自決したという話や、これにまつわる生々しい遺物は、困難の中でようやく建国を果たしたユダヤ人の気持ちを強く支える資料となった。発掘を指揮したヤディン教授は、考古学者であると同時に軍における実力を持つ政治家であった。しかしながら、マサダに残されていたのは、ローマ時代以降の遺物ばかりではない。実は金石併用器時代の遺跡も含まれる。しかしながらローマ時代のマサダがかくも有名なのは、調査を指揮したヤディンや当時のユダヤ人がこの時代を強調することを望んだからに他ならない。かくしてマサダは、ユダヤ民族の歴史を語る上で欠かせない遺跡として、各地からの観光客を引きつけることとなった。

観光収入はイスラエルにとって重要な財源の一部である。したがって観光地化された遺跡では、観光客が求めるテーマに沿って遺跡が整備されることになる。多くの時代の都市が累積しているはずのテル（遺跡丘）で、しばしば鉄器時代（ユダヤ人国家が成立した時代）やローマ時代（ユダヤ人の抵抗の時代）の層を中心に調査、保存、復元がされているのはこのためである。ハツォールの再発掘が評判になったことがあるが、ここでも鉄器時代の層が長く観光のために保存されてきた。その下に埋没しているはずの青銅器時代以前の層は、この再発掘によってようやく日の目を見ることになった。

遺跡はこのように民族意識の高揚を促すことに一役買ってきた。しかし、逆に隣人たちとの争いを激化させることにつながったとも考えられるのではないだろうか。遺跡が数多く存在するこの地域で、これを観光収入と結びつけることは重要なことである。しかし、これをどのような形で利用するのかは、細心の注意を払わねばならないと思う。

エリコの重要性

さて、なかなか進展の見られないパレスチナ問題であるが、故ラビン首相の成した業績の一つに、エリコにおけるパレスチナ自治政府確立がある。劣悪な生活環境で生きることを余儀なくされてきたパレスチナ人にとっては、一日も早く自立することがまず第一の課題であろう。これなくしてはイスラエルとの真の共存はありえない。では、この点について考古学が何か寄与できるのであろうか。

エリコは、新石器時代の大規模な遺跡が出土したことで有名な場所でもある。かつて、私はこの遺跡を利用した中東和平への一つの提案を行なったことがある（国際協力研究vol.12, no.1, p.31-p.39参照）。それは、この遺跡の修復を図り、付属博物館を設置し、さらに新たな発掘を行なうというものである。

エリコは二つの意味で考古学史上重要な意味をもっている。一つは近代考古学の発端とも言えるグリッド方式の調査方法（ウイーラー・ケニヨン法）が初めて組織的に適用されたことである。これは十九世紀に行なわれていたテルを上層から一枚一枚全面的に剥がしながら発掘を行なう方法に対して、グリッドと呼ばれる五m四方の調査地区をテルに設けることで遺跡を科学的に発掘する方法である。この方法により、遺跡のほとんどはまだ地中に保存されている。

もう一つの重要性は考古学における大きな課題の一つである都市の成立の歴史をくつがえす資料が出土したことである。移動生活から定住生活への変化は、採集狩猟から食料生産の生活への変化や、平等な社会から階層化された社会へという、大きな変化を伴う人類史上の重大事である。しかしながら、こういったいわゆる都市化がいつ始まったのかという点はいまだに議論の余地がある。

日本ではいくつかの新たな遺跡の発見により、縄文時代にすでに都市生活が営まれていたという説が浮上している。一方、平城京といった都の出現まで都市化は行なわれなかったという、より狭義な見方をする研究者もいる。

中近東では従来、初期青銅器時代の城壁で囲まれ見張塔で防御された集落を都市とみなし、この頃に初めて都市化が行なわれたとされていた。しかしながら、エリコからの出土物はこの見方をくつがえすものであった。初期青銅器時代を遡ること約七〇〇〇年、今から約一万年前の集落から町を防御したと思われる強固な壁や塔が出土したのである。このことは当時すでに食糧が生産され、大規模な建築物が構築できるほどの労働力とこれを組織しうる指導者が存在したことを意味し、世界中の考古学者を驚かせた。実際に当時のエリコがそれほど高度な社会組織をもっていたのかどうかは未だに議論の余地がある。

エリコの開発に関する三つの提案

これほど重要な遺跡がパレスチナ自治政権の成立した町に存在するのであるが、残念なことに、現状では遺跡や遺跡の周辺は観光客を十分に引きつけるほど整備されていない。

エリコの町並み

長年にわたるイスラエルとパレスチナの紛争はこの遺跡を十分に保護する余裕を与えなかったようだ。遺跡のあちこちは風雨にさらされ浸食が進んでいる。第一の提案は、このような遺跡の破壊に歯止めをかけることである。

さらに、遺跡を理解するために不可欠な資料館を設置することを第二の提案とした い。例えばイスラエル各地の遺跡には出土物や発掘の様子などをわかりやすく展示した資料館がしばしば隣接して設けられる。一般の観光客が遺跡を訪ねる場合、何の説明も無しにただ遺跡を見物してもそれはただの小山にしか見えないに違いない。遺跡の重要性を理解するには適当な施設が必要なのである。

第三の提案は発掘の再開である。遺跡はグリッド方式によって一部が調査されただけで、そのほとんどはまだ地中に埋もれたままである。また、都市化の問題を解決するためにも今一度組織的な発掘を行なうことは有意義なことである。

これらの三つの提案が実現されれば、考古学がパレスチナの復興に手助けできるかもしれない。対象は新石器時代を中心とした遺跡であるから、ユダヤ人にとってのマサダのような民族意識の高揚に直結するものではなく、むしろ人類全体の遺産に携わっているという視点での誇りにつながるのではないだろうか。

また、付属博物館の設置によって遺跡への正しい理解を促すことは、教育レベルへの向上へもつながるであろう。また、遺跡周辺の極めて特徴的な自然環境を併せて紹介することも興味深いだろう。さらに、国際的なチームが遺跡の再発掘を行なえば、この地域が争いのために荒廃しているという印象を払拭し、重要な文化遺跡が存在することを世界に向けてアピールすることができるであろう。これらはパレスチナ人の観光収入にもつながり、彼らの自立を促し、やがては和平そのものの進展につながるであろう。

かつてイスラエルを数々の勝利に導いた故ラビン首相だっただけに、痛みを知る彼が和平への一歩を踏み出したことは大きな意味をもつ。考古学徒としていかなる形で彼の意思を支持することができるのか、これからも考えていくつもりである。

時の流れと考古学

――考古学の時代区分の難しさ

ルビンの「図と地の反転図形」（左図）をご存じだろうか。黒と白で描かれた一枚の絵は見方によっては壷の絵に見えるし、また、向き合った二人の顔にも見える。ところが、

いったんこのどちらかが見えてしまうと、もう他のものは見えてこない。「これは壷だ」、あるいは「これは顔だ」という先入観が頭の中をすっかり支配してしまう。

考古学の時代区分はこれに似たものがある。途方もない時間の流れをある一定の文化の特徴から区切り、これに名前をつける。研究の便宜上このような分類を行なったはずなのに、いつのまにかその名前が一人歩きをするようにな

る。時代区分名が違うと、文化のあらゆる側面やその担い手まで違うような錯覚に陥る。

道具による時代区分と政治による時代区分

今一度、古代パレスチナの時代区分を思い返していただきたい。先史時代に始まり鉄器時代にいたる数千年の間、文献史料が皆無か、もしくはあっても不充分であったこの時代には、考古学的な資料を中心にその特徴から時代区分がなされた。新石器時代、金石併用時代、青銅器時代、鉄器時代と、その名称は道具の特徴から時代区分がなされていることを明確に示している。

古代パレスチナの時代区分

BC.7500~4500	新石器時代
4500~3500	金石併用時代
3500~1200	青銅器時代
1200~586	鉄器時代
586~332	ペルシャ時代
332~37	ヘレニズム時代
37~AD.324	ローマ時代
324~638	ビザンチン時代

ところが鉄器時代の終わり、つまり紀元前五八六年という数字は考古学的な資料にもとづいて決められた年代ではなく、第一神殿の崩壊という歴史的な事実にもとづいた年代である。そしてこれ以降の古典時代には、ペルシャ時代、ヘレニズム時代、ローマ時代と、道具ではなく歴史的な政権の交代によって時代区分がなされている。

問題なのは、こういった政治的な時代区分が文化的な変化を伴っているように、つい勘違いしてしまうことである。例えば、我々の生活を考えたとき、昭和から平成に変わったことで日用品に何か変化があっただろうか。際立った変化はあまりなく、むしろ、昭和の初期と後期のほうがより大きな変化が認められるのではないだろうか。

もしも未来の考古学者がこれらの時代を調査し、純粋に出土物から時代区分を行なうならば、恐らく昭和三〇年代あたりを一つの区切りとし、それ以降は平成も含めて一つの時代に含めるだろう。発掘報告書には、「洗濯板から洗濯機へ、また家具調テレビも出現する、画期的な電化製品時代への突入……」といったような記載がなされるに違いない。

これと同様に、ペルシャ時代からヘレニズム時代やローマ時代といった変化が、必ずしも考古学的な物質文化の変化を伴うとは限らないし、また、同じヘレニズム時代でも、いくつかの文化的な段階を認めることができるかもしれないのである。

パレスチナの古典時代

ところが、政治的な時代区分がいったん付けられてしまうと、これに惑わされがちである。テルに青銅器時代、鉄器時代といった文化が含まれているように、ペルシャ時代、ヘレニズム時代、ローマ時代という名前のついた文化が含まれているようについ想像してしまう。

通常、これらの時代にあたる層はテルの最上部に相当する。当然この部分は風雨にさらされやすく、遺構や遺物は浸食を受けやすい。こうして情報が断片的になるうえに、テルの研究者は概して鉄器時代以前を研究対象とする場合が多く、ペルシャ時代以降の調査は手薄になりがちである。幸いなことに一九八〇年代以降、こういった時代の遺跡についても多くの資料が収集されるようになり、より正確な状況を明らかにしようという動きも見えてきた。

しかし、ここで問題となるのが上記のような政治的時代区分を文化的時代区分と混同してしまう点である。多くの発掘報告書で、これらの時代について「ヘレニズム時代とローマ時代については若干の遺構と遺物が残されているが、テルの最上部にあるために浸食が激しく、その様子は明らかではない。ペルシャ時代については若干の遺物と竪穴を残すのみである」といったような記載しかなされていない。

エンゲヴ遺跡の古典時代

一九九〇年以降にガリラヤ湖東岸のエンゲヴ遺跡で行なわれた発掘調査で、私はヘレニズム時代の遺構と遺物に関する調査を担当した。ところが調べるにつれて、ヘレニズム時

エンゲヴ発掘

代という枠組みでは単純に分類できないことがわかってきた。

初期と後期で様々なタイプの土器に違いが見られるうえ、遺構にも二つの段階が見られるのである。さらに困ったことには、これ以前のペルシャ時代については他の遺跡からの報告に準じて、土器と竪穴が検出されたのみと結論づけられていた。

この竪穴は、同時代のパレスチナに一般的な遺構で、食料貯蔵用、もしくは堆肥製造用との説がある。従来は他の遺構を伴うことがまれとされていたが、近年調査が進み、浸食されている場合が多いものの、実際には他の建築物を伴うことがわかってきた。エンゲヴでも、ペルシャ時代の竪穴は他の建築物の遺構を伴っている可能性がある。また、ペルシャ時代とヘレニズム時代の初期はどのような関係なのだろうか。そこで気づいたのが上記のような思考の落とし穴である。自分自身が政治的区分である時代の名称にがんじがらめになっていたのである。本当のところを知るためには、これをいったん取り外して考え直す必要があった。

実際に出土品を比較してみると、鉄器時代末とペルシャ時代、そしてペルシャ時代後期とヘレニズム時代初期は容易に区別がつかない。これに対して、ヘレニズム時代の初期と後期では、かなり明確な違いが認められる。政治的な時代区分と文化的な時代区分は微妙にずれる。

さらに遺構についても、従来、ヘレニズム時代とされた遺構のうち、早い段階のものはペルシャ時代の竪穴と同時期に使用された可能性も観察することができた。いっそのこと、ペルシャ時代とヘレニズム時代の初期を古典時代第一期、ヘレニズム時代の後期を古典時代第二期などと呼んだほうがわかりやすいのでは、とも考える。

時代の名称は分類の一つの指標にすぎないのだから、そんなに気にする必要はない、との考えもあろうが、知らず知らずのうちにこれらの名称に縛られてしまうのは問題である。

日頃、何かと雑用に追われる私なんぞは、年度が変わるということで生活に区切りをつけることができるような気がする。しかし、考古学の場合、そう簡単に区切りはつかない。一度「壷」が見えてもこれをいったん白紙に戻し、「顔」やその他の像を思い浮かべる、そんな柔軟な対応が必要ではないだろうか。

イスラエル人考古学者の心のふるさと、ハツォール
——イスラエル考古学の歴史

一枚の写真

イスラエルの北部にハツォールという遺跡がある。ある夏の日、授業の一端としてこの遺跡をテルアビブ大学の先生や仲間たちと訪ねた。遺跡のそばにある資料館に入ると、ある写真の前でコハビ教授が足を止めた。「ほら、良く見てごらん。知った顔があるだろう」

古びた写真はハツォールの発掘に関わった人々の記念写真であった。良く目を凝らすと、どこかで見た顔が並んでいる。側に立つM・コハビ教授やP・ベック教授（テルアビブ大学）の他、イスラエルの土器の編年を集大成したR・アミラン、歴史地理学の大家であるY・アハロニ、マサダなど数々の発掘を手がけ、ハツォール発掘隊の隊長でもあるY・ヤディン、著名な建築家ドナイィェフスキー等、イスラエル考古学の大家たちが顔を並

べている。しかも皆若い。

「これは一九五〇年代に撮影されたもの。ハツォールは、僕たちイスラエル考古学者にとって、心のふるさとのような遺跡なんだ」と、コハビ教授は懐かしそうに語り始めた。

イスラエル考古学の歴史

イスラエルの考古学の歴史は建国の歴史と深く関わっている。A・マザールは（1）第一次大戦前、（2）中間期、（3）一九四八年以降、という三つの時期に、イスラエル考古学の歴史に大きな変化があったとしている。

第一次大戦以前には、ローマ時代やそれ以後の時代の、地上にむき出しになった遺跡の調査や、古くからの地名を残す各地の廃虚や遺跡に関する聖書学的な研究が行なわれた。また、考古学的な方法論に関する最初の転機がイギリス人のF・ペトリー卿によってもたらされ、パレスチナ南部のテル・エル・ヘシで初めて組織だったテルの考古学的調査も行なわれた。

これに刺激されたかのように、多くの考古学者が主要なテルで発掘調査を行なった。例えば、アイルランド人のR・A・S・マカリスターによるゲゼル発掘（一九〇二〜九）、ブリスとマカリスターによるシェフェラ地域のいくつかのテルの発掘、D・マッケンジーによるベト・シェメシュ発掘（一九一一～一二）、アメリカ人のG・A・ライスナーとC・S・フィッシャーによるサマリア発掘（一九〇八～一一）、ドイツ人のG・シューマッハーとC・ヴァッチンガーによるメギド発掘（一九〇三～五）、オーストリア人のE・セリンによるタ・ナーク発掘（一九〇二～四）、セリンとワッチンガーによるエリコ発掘（一九〇七～八）などが有名である。

こういった中で、発掘技術はまだ未熟であったが、遺構の連続的層位と遺物の位置を正確に記録し出版するための試みがいくつかなされたのである。

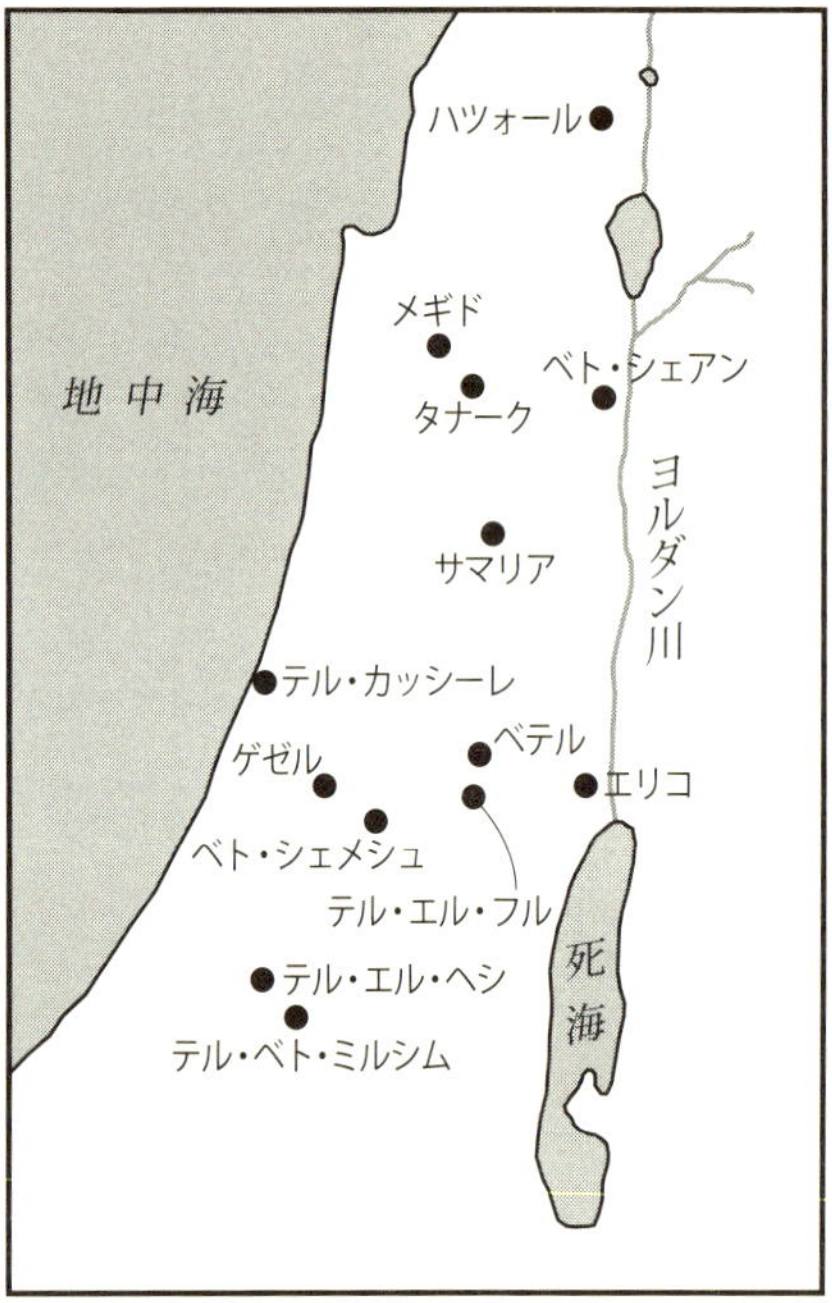

パレスチナ考古学は、その後の中間期に、アメリカ、イギリス、ドイツ、フランス、そしてユダヤ人の研究者や研究所による活発な研究活動によって、さらなる発達を遂げた。多くの労働力と財力を費やした大規模な発掘調査も行なわれて、膨大

な資料が明らかにされた。例えば、アメリカ隊によるベト・シェアン発掘（一九二一～三三。C・S・フィッシャー、G・M・フィッツジェラルド、A・ローウィーらによる）、メギド発掘（一九二五～三九。C・S・フィッシャー、P・L・O・ガイ、G・ロイドらによる）である。

また、理論的な側面においては、W・F・オルブライトが、テル・エル・フル（一九二二～三三、一九三三）、ベテル（一九二七）、テル・ベト・ミルシム（一九二六～三二）など、聖書の歴史をテーマとしたより小規模な遺跡の考古学的調査を行ない、また、土器の比較研究や層位学的観察をより一層発展させた。さらに、野外調査と聖書研究や歴史地理的研究により一般的な中東研究の統合をはかり、聖書考古学の概念を確立した。以前にもご紹介した（一四一頁）、イギリス人K・M・ケニヨンらによる遺跡の層位学的な方法が試みとして用いられ始めたのもこの時期である。

イスラエル人の手による発掘調査

しかしながら、こういったパレスチナ考古学の歩みは、一九三九年から一九四八年の政治状況によって閉ざされることとなった。新たなる展開は、一九四八年のイスラエル独立戦争後に始まる。この時期で最も重要なのは、イスラエル人による考古学的調査が行なわれるようになったことである。

それまでは世界各地からやってきた外国人による調査が主流であった。しかし建国以降、その主流はイスラエル人となった。その最初のものは、B・マザールによるテルアビブ郊外の遺跡、テル・カッシーレ発掘で（一九四八〜五一、一九五六）ある。

そしてその次に大規模な発掘調査が行なわれたのはハツォール（一九五五〜五八）であった。指揮はY・ヤディンがとり、他にY・アハロニ、R・アミラン、M・ドタン、T・ドタン、C・エプシュタイン、J・ペロー、I・ドナイェフスキーといった、今では大御所と言われるイスラエル人の若者たちが調査に参加した。

ハツォールは次の世代を担うイスラエル人の考古学的な訓練の場となった。ここで学んだイスラエル人考古学者の卵たちは、一九六〇年代以降の調査、研究の発展を促し、考古学史上の重鎮として様々な業績を積み重ねてきた。コハビ教授もその一人であった。彼は、若い頃から考古学を学びたかったにもかかわらず、戦争で負傷したりキブツで暮らしたり、と、紆余曲折を経てようやく考古学の世界に飛び込んだ。写真の中の彼の目の輝きは、考古学を学ぶ喜びとともに、イスラエル人の手によるイスラエル考古学を築き上げようとする強い意志を表しているように思える。ハツォールは、まさにイスラエル人考古学者の心のふるさとなのである。

ハツォール再発掘

ハツォール発掘の成果については、隊長であるヤディンが報告書をまとめ、石川耕一郎教授によってその邦訳が出版されているので、ここでは詳細は差し控えたい。その成果は、現在でもイスラエルの大学の授業で考古学を学ぶ上での基本的な資料としてしばしば取り上げられるほど重要なものである。

ハツォール

このハツォールの再発掘が一九九〇年から行なわれている。発掘を指揮しているのはヘブライ大学のA・ベントール教授である。発掘の目的の一つは、観光を目的として長い間保存されていた鉄器時代の層の下、つまり、青銅器時代を中心にした層にある。重要な都市としてメソポタミアの古文書にも記されているハツォールについて明らかにすることは、イスラエルだけでなくより広い範囲の中近東史にとっても意義深いことである。これまでに、その重要な資料となりうるいくつかの古文書が発見されている。また文書の他に、鉄器時代の上の町と下の町の関係をより明確にするための資料も発見された。今後の調査の進展が気になる遺跡の一つである。

実は、一九九〇年頃から、このハツォールの再発掘をはじめ、かつて大がかりな調査が行なわれたいくつかの遺跡で再発掘が行なわれている。メギド（D・ウシシュキンとI・フィンケルシュタイン）やベト・シェアン（A・マザール）がそうである。

一九九〇年代といえば、イスラエル生まれのユダヤ人が学界の中堅どころとなる頃である。ちょうどこの頃に大型遺跡の再発掘が始まったことは興味深い。つまり新たな世代交代の時期に入ったといえるのかもしれない。ハツォール再発掘のベントール、ベト・シェアン再発掘のマザール、そしてメギド発掘のフィンケルシュタインは、いずれもサブラ（イスラエル生まれのユダヤ人）である。つまり、建国以前の世代ほど強い民族主義的な傾向に偏ることなく、また、六〇年代以降に発達したニューアーケオロジーに代表されるような様々な考古学的手法も駆使することのできる、新しい世代ということができよう。

ハツォールは、再発掘によって、新たな学びの場をサブラたちに提供しているのかもしれない。

諸民族と考古学
——後期青銅器時代の世相

交易と物質文化

ヘブル人、ヘテ人、フリ人と、聖書には実に様々な民族が登場する。ところが、これらの民族の存在を考古学的に証明することは必ずしも容易ではない。こういった民族の名前はあくまでも文字で記された史料として存在する。道具や建物にこれを使用した人の民族名が記されていれば良いが、そんなことはまずありえない。

物質文化の民族を一致させるためには、様々な角度から調査しなければならない。史料にAという民族が存在したと書かれているいくつかの場所で、Bというタイプの土器が発見されたとする。すると、土器Bは民族Aのものと言うことができるかもしれない。しかし、考古学からは一〇〇%そうとは言い切れない事情がある。

その第一の理由が交易である。交易によって、物は民族の移動とは無関係にしばしば移動する。Ｂという土器が出土したからといって、その遺跡にＡという民族が実際に存在したとは限らないのである。

出土物が交易によってもたらされたものか、それとも移住してきた人々によって作られたのかは、それ以外の様々な出土物や建築物の特徴を併せて研究することにより判断される。これらのすべてにおいて外部の文化的特徴が見られるならば、それは交易品ではなく、移民や植民によるものと考えられる。

国際色豊かな後期青銅器時代

パレスチナ古代史の中でも最も国際色が豊かとされる時代は、後期青銅器時代（紀元前一五五〇年～一二〇〇年）である。この時代のパレスチナからは、実に様々な地域色を持つ土器が出土する。

バイクローム土器（赤色と黒色で三角模様や斜線といった幾何学模様や魚や水鳥を描いた容器）、ベースリング土器（小型の水差し、フラスコ、椀、牛形の杯に多く見られる）、ミルク・ボール（白色のうわ薬をかけた生地に茶色の装飾が施された容器）、モノクローム土器（小型で赤色の椀）、ホワイト・シェイヴド土器（水差しが多く、生地は白色でへ

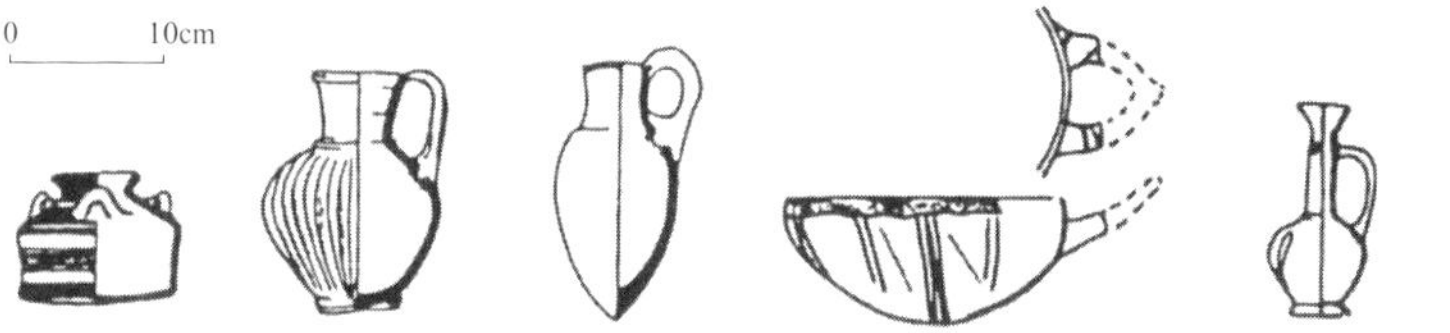

ピクシス　ブッチェロ　ホワイト・ペインテッド　ミルク・ボール　ベースリング

らなでが施される）、ホワイト・ペインテッド（小型の水差しで、白色の生地に褐色で模様が施される）、ブッチェロ土器（胴部にうねを立てた水差し）といったキプロス産の土器は、手びねりで製作され、見た目がとても美しく、当時の高級品であった。

ピクシス（シリンダー型の箱）やスティアップ・ジャー（口の狭い容器）といったミケーネ産の土器は、良質で粒子の細かい粘土を使用し、ろくろで製作された。表面には明るいクリーム色の艶のあるうわ薬が表面にかけられその上に単色、通常は褐色で水平線や円、渦巻、そして多種多様なモチーフが施された。その他、シリアやエジプトからもそれぞれ特徴ある土器がパレスチナにもたらされた。

こういった品々は、あくまでも交易品としてもたらされたもので、実際にパレスチナに様々な地域の人々が植民していたことを意味するわけではない。

バイクローム土器の偽物？

しかしながら、物質文化と民族を結びつけようとする試みはこれま

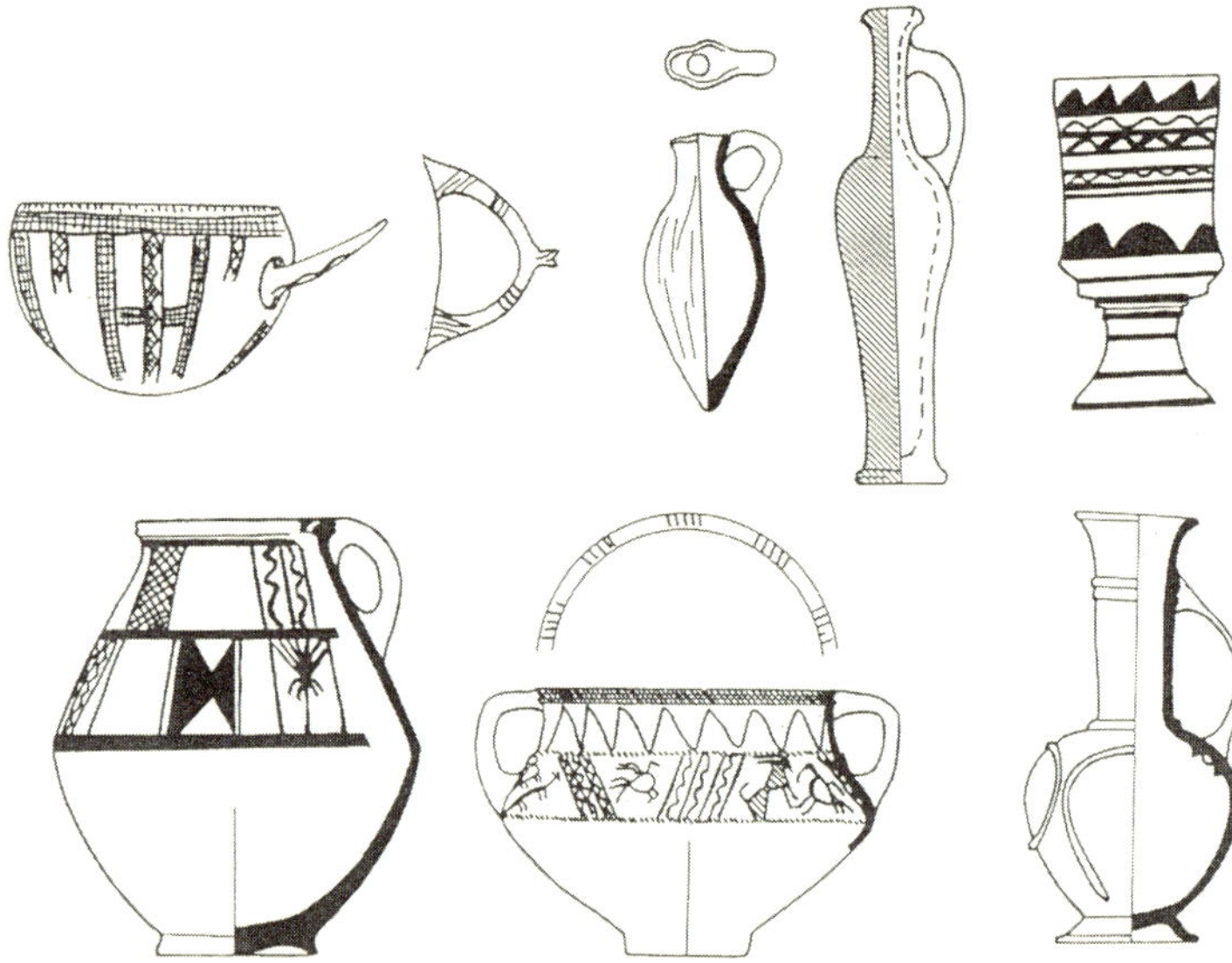

バイクローム土器

で幾人もの研究者によって行なわれてきた。例えば、バイクローム土器の原産地については、フリ人が居たシリアとの密接な関係を明らかにしようとする試みがクレア・エプシュタインによってなされた。この土器は、パレスチナでは前一六〇〇年頃に出現し、前十五世紀の半ばまで使用された。その分布はパレスチナだけでなく、シリア沿岸部やキプロスに広がっている。エプシュタインは、フリ人が居たとされるシリア北部の土器の形や文様の分析から、バイクローム土器がフリ人のものであり、これが後期青銅器時代にパレスチナに輸出されたと仮定した。また、ハーティーはメギドを中心とする北部パレスチナが原産地であり、それが徐々に南部に広がったと考えた。

偽物づくり

しかしながら、エプシュタインやハーティーの説を全く否定する研究が、ハイファ大学で海洋考古学を教えるM・アーチー教授らによって行なわれた。彼女たちはメギドやテル・エル・アジュールから出土した資料を一部削り取って化学的に分析し、資料が作られた粘土の産地を明らかにした。これは胎土分析と呼ばれる手法である。その結果パレスチナで出土するバイクローム土器の土壌に二つの産地があることが明らかにされた。一つはもともと原産地として知られていたキプロス、そしてもう一つはパレスチナである。

中期青銅器時代の終わりに、沿岸部に近いテル・エル・アジュールではキプロス産のものが使用された。そして後期青銅器時代になると、内陸部のメギドではキプロス産のものと同時に現地で作られたバイクローム土器の模造品が使用されるようになった。人々はバイクローム土器の美しさによほど魅せられたのであろう。しかし、一般には高価すぎたのであろうか。類似品を作り出すことで欲求を満たすようになったらしい。

我々の身の回りにブランドもののバッグや時計の偽物が数多く出回っているように、古代社会でも同様のことが行なわれたのである。

ガリラヤ湖は文化的古代湖
——世界古代湖会議にて

一九九七年六月二二日から二九日にかけて、琵琶湖博物館で世界古代湖会議が開催された。古代湖の環境について自然と文化の両面から見つめ、今後の湖と人のありかたについて考える機会を持つことが目的である。

会議には研究者のみならず、行政や一般市民が参加し、あらゆる方面からの協議が行なわれた。海外からは二三カ国約七〇名が、国内からは約二五〇名が参加し、研究発表一〇〇本、ポスター発表五〇本という大盛況の内に閉会することができた。

古代湖とは

古代湖とは、通常、地質学的に一〇〇万年以上前に形成された湖をいう。例えばロシアの

世界古代湖会議の報告書

バイカル湖、アフリカのタンガニーカ湖、マラウィ湖、などである。

こういった湖では、古来からのさまざまな生物の固有種が保持されており、貴重な研究フィールドとなっている。しかし、近年の環境汚染や外来種の混入により、その生態系は変化を余儀なくされている。今回の会議ではこうした古代湖の生態系や環境を歴史や文化といった側面からも検討し、より大きな枠組みの中でとらえようとする試みがなされた。このため、人間の営みが古く辿れる湖を「文化的古代湖」と称して、従来の古代湖の定義を広く設定し、より多面的な協議の場が提供された。

文化的古代湖キネレト

こうして、イスラエルのキネレト湖（ガリラヤ湖のヘブライ語名）も会議に含まれることとなった。キネレト湖は、湖そのものは比較的若いが、一〇万年前にはすでに人の形跡が見られる文化的古代湖である。

　このフィールドを代表して三人のイスラエル人研究者が会議に招かれた。古環境学のU・バルーフ博士、考古学のM・コハビ教授、そして魚類学のM・ゴレン教授である。キネレト湖という限定された地域についてこのように異なるいくつかの分野の研究者たちが顔を合わせる機会というのは実は稀である。なぜなら研究者は通常、自分たちの分野に閉じこもりがちだからである。残念なことに、この状況はイスラエルだけでなく世界中どこでも見られる状況である。

　例えば考古学について考えると、本来は古環境や生態系といったさまざまな角度から人間の居住活動を捉えなければ考古学的な状況を正しく把握できないはずなのだが、どうしても出土物の分析や時代決定、歴史といった限られた現象に目を奪われがちである。学問的な足場としてこういった限られた分野を研究することは必要なことだが、せめて周辺分野の研究を視野に入れるぐらいは必要であろう。彼らの中には今回初めて知り合う機会を得た者もいたようだ。「閉じた世界で研究しているものでね」と、コハビ教授は苦笑いした。

　イスラエル人があまり群れず、自由気ままに行動するであろうことは想像していたが、同じ国から来た三人がまったくバラバラで、むしろ他国からやってきた自分の専門分野に近い研究者と歓迎会に参加している様子を眺めていると、学際的な研究の難しさがそのまま表現されているようで何となく寂しい思いがした。

注目を集めたイスラエル人の発表

さて、いよいよ本会議が始まった。まず、初日にバルーフ博士が「ヨルダン地溝帯における人類の進化」というテーマで人類の進化と文化史における湿地の役割を概観した。イスラエルの地溝帯では人類の環境への適応を研究する上で貴重な遺跡がいくつも発見されている。

地溝帯はいわば地球の割れ目であり、今でも渡り鳥がアフリカからヨーロッパへ渡る際に格好の目印になっているように、古代の人々もこの割れ目を道しるべにアフリカからレヴァント地域へと移動した。そういった人々の形跡は地溝帯の最北部であるキネレト湖周辺のウバイディア、エンゲヴ、ゲシェル・ベノット・ヤコブ、アムッドといった遺跡に見ることができる。

またこういった人類の歴史に加えて、狩猟採集から農耕を始めるにいたる文化的な足跡もオハロ、エイナンから発見されている。スライドとイラストを交えてのバルーフ博士の発表は、聴衆を魅了したようだ。会場からは質問が相次ぎ、中国のＣ・ミーマン博士からは、是非西アジアと東アジアの比較研究を行なってほしいとの申し出があった。その他、乾燥したイメージの強いイスラエルにこのような壮大な人類の物語が辿れる湿地が存在することに驚いた、とのコメントが寄せられた。

次に発表を行なったのは、五日目のコハビ教授であった。彼は、キネレト周辺で行なわれている青銅器時代及び鉄器時代の遺跡調査について報告を行なった。聖書の記述にも言及しながら、この地域が東西南北の交通の要所であり、さらにイスラエル王国とアラム王国の境界に位置していたために、さまざまな勢力争いにまきこまれた歴史について、ハダル、エンゲヴ、キノロット、ベト・サイーダといった遺跡からの考古学的なデータと照らし合わせながら発表を行なった。

歴史的な観点に基づいた発表だったので、他分野や他地域の研究者の興味をあまり引かないだろうと予想していたのだが、聖書に言及したためか、意外にも多くの関心を集めた。文献と考古資料の併用に関する質問の他、さまざまなコメントが、特にロシア人研究者たちから寄せられた。聞けばこのうちの一人はユダヤ人で、娘がエルサレムに留学中であるらしい。こうして、発表後のコハビ教授のまわりには、学術的関心のみならず私事にわたる交流を含めて多くの人々が群がるところとなった。

学際的な研究に向けて

六日目には、先のバルーフ博士によってフラ湖周辺の花粉分析による古環境復元について、さらにゴレン教授によってキネレト湖の生態系の変化について、それぞれ発表が行なわれた。

バルーフ博士の行なった花粉分析という方法は、土中の花粉の化石を調べることにより様々な時代の環境の様子を調べるもので、現在では世界各地で行なわれている。博士が行なったのは、キネレト湖のやや北部にある小さな湿地、フラ湖である。ここから過去一万六〇〇〇年分にわたる資料を収集し、農耕の開始と気候の湿潤化の関係や、オリーブ栽培が行なわれ始めた

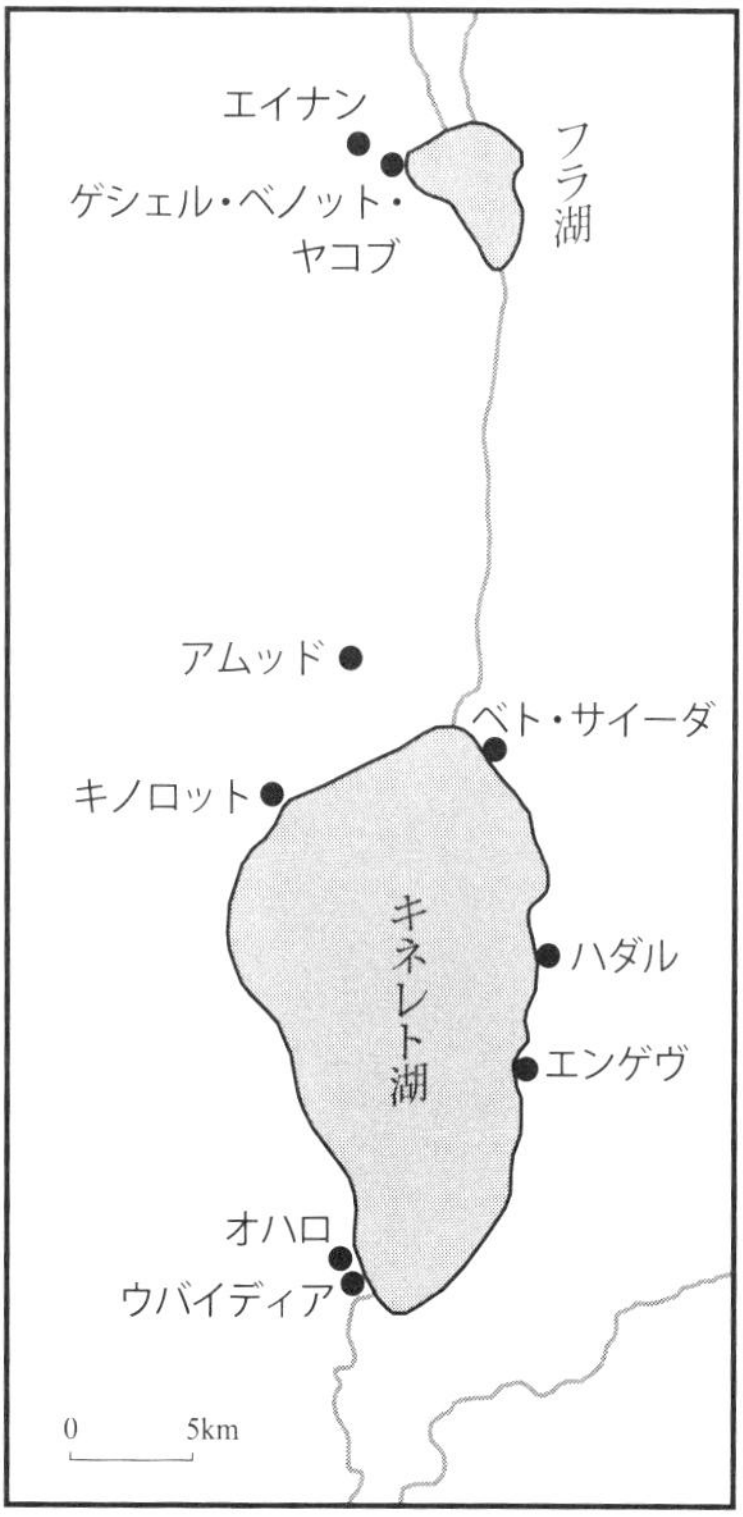

時期といった興味深いデータを導き出した。

また、ゴレン博士はキネレト湖を中心とするヨルダン地溝帯の生態系の特徴について発表した。それによると、ここには一九五〇年代初頭ころまで二五の固有種が生息していたが、人間活動の影響でいくつかの種が絶滅したらしい。現在のキネレト湖には約二五の魚種が生息しているが、そのうち一九種はこの湖の在来種であり、三〜四種は固有種である。これらはアフリカ起源、メソポタミア起源、そして海洋起源のものに分類することができる。湖からくみ出される水の量が増加するにつれ水域環境の安定性が失われていったが、システムの適切な管理によって魚類の多様性は維持しうるとの報告であった。

こうしたキネレト湖やその周辺の環境に関する古代及び現代の情報は、考古学的なデータを解釈する上で大変重要な手がかりとなる。

例えば、私が携わったエンゲヴ遺跡の調査によると、ペルシャ時代や初期ヘレニズム時代のキネレト周辺では、他の南レヴァント地域よりも活発な居住活動が行なわれていたことがわかる。この点について花粉分析ではどのような解釈がされているのか、ぜひ調べてみる必要があろう。また湖の固有種がアフリカ、メソポタミア、地中海から持ち込まれたようだが、これらはいつどのような形で持ち込まれたのか、古代の交易活動とも照らし合わせて考える必要があるかもしれない。

こうして、会議は学際的な議論の場を提供するという目的も果たすところとなった。フェアウェル・パーティーではイスラエルからやってきた三人が談笑する姿が見られた。日本で初めて出会った彼らだが、恐らく互いに刺激しあった有意義な一週間であったに違いない。それぞれの分野が今後より学際的な方向へ導かれることを心の中で願わずにはいられなかった。

もっともこの時に三人を結んでいたのは、会議中ずっと私に付き合い、周囲に愛嬌を振りまいていた当時一歳三カ月の我が娘だったかもしれないが。

水と平和、そして文化は努力して獲得

――イスラエルと日本の文化比較

八年にわたる保存処理を終え、ようやく公の前に現れた古代の木造船を見るためにイスラエルを訪れた。

二〇〇〇年も前の船はいったいどんな姿をしているのだろう。日本の遺跡でも舟形と呼ばれる舟の模型や丸木舟が出土することはあるが、このように昔の構造船がほぼ完全に近い形で発見されることはない。世界的にも貴重な資料であるこの船は、発掘直後にポリエチレングリコールという液体を蓄えたプールにすぐに納められたため、発掘中の写真しかこれまで目にすることができなかった。

私たちは胸をときめかせてガリラヤ湖へ向かった。

公開された古代の船

その船はキブツ・ギノサールの近くにあるイガル・アロン・センターというところにある。センター横の小さな建物に入ると、ガラス越しに水槽の中に置かれた船が見えた。液体はすでに抜き取られているものの、船の周囲には作業用具が所狭しと並べられている。

いかにも仮展示という状態である。調査員のニツァ・カプランという女性のはからいで、ガラスの内側で説明を受けながら船を身近に見ることができた。二〇〇〇年の年月が経っているとはとても思えないほど保存状態が良い。全体の姿や肋材の様子、そして材の接合部まで良くわかる。

ニツァの話によると、船は現在、洗浄作業と船全体の足場づくりが進行中だそうである。ポリエチレングリコールは人工の蝋《ろう》のようなもので、木材の中の水分とゆっくり入れ替わる。余分なものは遺物の表面にこびりついてしまうので、それを丁寧に取り除いてやらねばならないのだ。ガリラヤ湖の船にはあちこちに白く固まった薬品が付着していた。また、船全体の姿を保つための足場はまるで昆虫標本の虫を固定するための針のように、船のあちことにとりつけられていた。

これらの作業は彼女を含めた三人の調査員が週三日のペースで行なっているという。

「これでは時間がかかってしまうわ。でも十分な予算が無いのでこれ以上は無理なの」。これらの作業を終えなければ、船をセンター内に展示物として納めることができない。彼女の苛立ちが何となく伝わってきた。

古代の船を模した観光船

見学を終えセンター二階の大きな窓からガリラヤ湖を眺めると、なんとそこには今見たばかりの古代の船がゆっくりと航行しているではないか。以前には見なかった光景である。ガリラヤ湖東岸のキブツ・エンゲヴの観光船らしい。

このキブツに住むメンデル・ヌン氏は古代の船の発見に重要な役割を果たし、ガリラヤ湖の歴史にも詳しい郷土史家である。どうやら彼がこの観光船の仕掛人らしい。さっそくエンゲヴを訪ねてみた。キブツ横にある魚料理のレストランと港は大きく様変わりしていた。美しいプロムナードが湖岸を飾り、レストランと港は大きく美しく改装されていた。そして、港にはさっき見かけた古代の船を模した観光船が数隻係留されていた。

「すごいだろう」と、メンデルは得意げである。「これだけじゃないぞ。その観光船には昔の衣装をまとった漁師を乗せるつもりなんだ」。古代の漁師がどんな身なりをしていたかは彼の最新の研究テーマであり、「エルサレム・パースペクティブ」誌にはその論文も

エンゲヴ資料館の展示

掲載されている（No.52, pp.18-23）。その成果をすでに実用として活かすことを考えているのである。

なんとすばらしいことだろう。日本の博物館で伝統船の復元と展示に携わった私にとって、それはまさに夢のような話であった。日本で展示物を実用としたり、ましてやそこに古代の装いをさせた人を日常的に配置したりすることなど、安全面や労力等を考えるとなかなか実現しにくい。最初からあきらめてしまってアイデアを出すことすらしない場合がほとんどである。

メンデルの話は続く。「それに、キブツ内にある漁労資料館をプロムナード沿いの広くて新しい建物に移転するつもりなんだ」。彼が長年かけて収集したガリラヤ湖周辺の漁労や船に関する資料は、キブツの中の小さな資料館に置かれている。しかし、キブツが経営する休暇村や湖岸のレストランに足を運ぶ観光客は多くても、資料館を訪れる人はほんの一握りにすぎないらしい。目立たない場所にあるうえ、一度に入館できる人数が限られてしまうので観光ルートに乗らないのである。

なるほど、プロムナード沿いの大きな建物なら十分に目的を達成できるだろう。「でも、問題は十分なお金がないことさ。古代船の漁師を雇う費用や新しい建物の改装費、例えば壁を塗ったりエアコンをつけたりね。だから、計画が実現されるのはもう少し先になりそうなんだ」

日本の施設にかかる費用に比べれば、これらの金額は微々たるものに違いない。興味深いアイデアが少しのお金が無いために実現しない。奇抜さはなくても安全着実な計画に十分なお金をかけて行なう日本を考えると、なんともはがゆい。

自由な発想とたくましい実行力

お金の有無にかかわらず自由な発想とたくましい実行力を大いに発揮するイスラエル人について感心するのは何も今に始まったことではない。

そもそも古代船の発掘自体がそれを示していた。様々な分野の専門家たちがすぐさま駆けつけて調査を行なったのはもちろんのこと、船の保存処理を行なうコンクリート製の水槽はわずか一〇日で用意された。また、水槽の水に大発生した蚊の幼虫対策としては、これらを餌とする金魚が放たれた。状況を把握し、次のステップで何をすべきかを一人一人が考え、判断している、そんな様子が感じられる。日本であれば、前例ではどのような処理がなされたか、上司はどう考えるか、といったことが重視されて、なかなか事がスムーズにはかどらない。

「なぜ自由な発想と実行力を持ち続けることができるのですか？　日本ではたやすいことではないのに」と、あるイスラエル人に疑問をぶつけてみた。

「日本には長い文化の歴史があるからではないですか？」と、意外な答えが返ってきた。

「イスラエルにも長い文化の歴史があるでしょう」

「しかし、イスラエルが建国したのはほんのつい最近のことです。聖書を基本とした長い文化や歴史はありますが、イスラエルの国の文化としては実は短いのです。我々は自分たちの文化を確認するために良いと思うことは何でも実行しなければならないのです。そうして国の文化を創っていかねばならないのです。日本にはその必要がなかったのではありませんか？」

どきっとするような指摘であった。

日本では水と平和はタダ。これは、イスラエルと日本の最も大きな違いとしてよく口にされる表現である。イスラエルでは水も平和も人々がいつも気にし、努力した結果得られる貴重なものだが、日本ではその両方があって当然のものである。普段意識することもなく、得るための努力もほとんどなされない。近年雨不足のために節水が叫ばれることもあったが、一雨くればそれも過去の話、あっというまに忘れてしまう。実は文化にも同様のことが言えるのではないだろうか。

長い離散の時代を経てようやく建国したユダヤ人たちが、ユダヤ人、もしくはイスラエル人であるためには、常に自分たちの文化について意識し、これを現実のものとする努力が必要だった。

逆に、日本人にとっての文化とは、あって当然のものであって、他国の人々から認められて初めてその存在を認識するようなものなのではないだろうか。

水と平和、そして文化は努力して獲得（その2）

――イスラエルと日本の文化比較

今日は友人であるモシェの誕生日。朝から奥さんのノラはパーティの準備に忙しい。オーブンから取り出したのは、焼きたてのピーマンである。ピーマンといってもイスラエルのものはとても大きく、日本のものの五〜六倍ほどもある。それが四角い皿に敷き詰められている。ノラは熱々のピーマンの皮をむきはじめた。

「冷やしてレモンをかければ出来上がりよ」。まるで日本の焼き茄子のような調理法である。見たことも無い妙な食べ物に私が気を取られていると、ノラはこう説明した。

「これはモシェの大好物なのよ。まだルーマニアに住んでいた頃にお母さんがよく作ってくれたおふくろの味なの。彼の誕生日にはいつもこれを作るのよ」

そういえば、安息日やいわゆるユダヤ教の祝日の食卓では見たことがない。どうやらモシェにとって極めてプライベートな料理のようだ。イスラエルへ移住して約五〇年にもなるモシェの心に、ルーマニアという生まれ故郷が染み着いていることを感じた一つのエピソードである。

イスラエルにはディアスポラと呼ばれる海外から移住してきたユダヤ人が多く存在する。彼らが以前に暮らした地域でユダヤ人としての習慣や文化を守ってきたことは良く知られているが、実はその土地の文化とユダヤ文化の二重の影響を受けているようだ。焼きピーマンのエピソードはこのことを示す例の一つである。

ヘブライ語の復活

食生活と同様に文化の重要な要素となるのは言語である。ユダヤ、イスラエルといえばヘブライ語であるが、話し言葉としてのヘブライ語の歴史は新しい。十九世紀ヨーロッパで興ったシオニズム運動の中で、重要な課題の一つであったのがユダヤ人共通の言語を確立することであった。

それまで世界各地に離散していたユダヤ人はそれぞれの地域の言葉を使い、ヘブライ語は聖書を読むための書き言葉としてしか存在していなかった。この聖書ヘブライ語をベースにして作られたのが現代ヘブライ語である。

ベン・イェフダー

発明者は白ロシアから移住してきたユダヤ人、ベン・イェフダーである。『ヘブライ語の父ベン・イェフダー』という本がミルトス社から出版されている。話し言葉としてのヘブライ語を作り出したベン・イェフダーは、その最初の使い手として自らの息子を選ぶ。一人でも多くの使い手を増やさなければ、生まれたばかりの新しい言語は生きた言葉とならない。この息子は、ヘブライ語での生活を強制され、友達との会話もままならぬ、という何とも可哀想な話である。

ユダヤ人が、文化的にもユダヤ人となるための苦悩の日々といえるだろう。今ではすっかりイスラエルの国語として定着しているヘブライ語であるが、一つの家庭の中でいくつもの言語を使い分けるディアスポラのイスラエル人たちを見ると、彼らもかつてはユダヤ人になるべく努力してヘブライ語を習得したのだろうと思う。日本人が生まれながらにして日本語を話す環境にあり、当然のものと習得していることを考えると、ここでも文化の獲得過程に大きな違いがあると感じる。

聖書は心のふるさと

さて、努力して文化を獲得する方法の最たる例が、聖書考古学ではないだろうか。少なくとも日本でイスラエル考古学と聞けば、この聖書考古学をイメージする人がほとんどのようだ。確かに聖書考古学はイスラエルにおいて重要な役割を果たしてきた。

そもそも世界各地から聖地にやってきて考古学的調査が行なわれたのは、十九世紀のことであった。アメリカのE・ロビンソンが聖地の歴史的、地理的調査を行なったことをきっかけに、英国パレスチナ踏査協会やドイツ・パレスチナ協会、フランス聖書考古学研究所、とその後次々と聖地を考古学的に研究する機関が創設された。まだ、科学的な手法が開発されていない時代ではあったが、聖書に書かれた地を実際に発見しようという熱意が彼らの調査を支え、それなりの成果を出していた。

その後、F・ペトリーによるテル・エル・ヘシの発掘やC・フィッシャーとG・A・マ

テル・エル・ヘシ

イスナーによるサマリアの発掘で科学的な手法が採用され、またW・F・オルブライトによる歴史学、地理学、考古学を科学的に総合した調査が行なわれるようになったが、あくまでもその基礎となっていたのは聖書への関心であった。

イスラエル建国以降は、特に旧約聖書への関心が考古学の中心となった。ユダヤ文化を再確認することが、生まれたばかりの国家を成長させるために必要とされたのである。ローマ人に対する最後の砦、マサダの発掘成果にイスラエル人の多くが熱中したことや、その発掘指揮者であるY・ヤディンが同時に政治の世界でも手腕を発揮していたことは、文化の再確認がいかに国家の、またイスラエル人の重要事であったかを示す例であろう。

それでも聖書考古学

やがて、その聖書考古学にも批判が向けられるようになった。例えば、聖書への傾倒はしばしば考古資料への客観的な見方を妨げるというものである。それは、エチオン・ゲベルのティムナが「ソロモン王の銅山である」とか、エルサレムの「ウォーレンの縦穴」がエブス人の「シノア」であるといった、かつての誤った解釈に見ることができる。したがって、聖書を中心に置いた研究では、その周辺分野を視野に入れ、より客観的な判断を下さなければならない。

さらに、八〇年代以降は、聖書やユダヤ人といった民族的な枠組を越えた人類史に着目し、より普遍的なテーマが追いかけられるようになってきた。これは、六〇年代以来アメリカ考古学会の主流となっていたニューアーケオロジーの影響によるものである。例えば、人口の変化、居住パターン、半遊牧民文化の検証、移行期や文化変化などをテーマとする。

このような新しい概念は、聖書に基づいた伝統的なパレスチナ考古学を変えるきっかけとなった。これに従い、W・G・ディーヴァーは、聖書考古学を改め、「シリア・パレスチナ考古学」という名称を提唱した。実際、イスラエルにおいては、聖書考古学という言葉は、先史時代と古典時代の中間、つまり原史時代から鉄器時代の終わりまでの研究全般を称するというのが一つの考え方となっている。単に取り扱う時代を称するというわけである。

しかし、それでも、純粋に聖書の記述を証明することを主目的とした従来の聖書考古学研究は数多く行なわれている。イスラエル考古学会誌の記事を見ても、全体の約半数がこれに当てはまる。聖書考古学によるユダヤ文化の追求は、イスラエルの文化が完全に定着するまで無くなることはないのだろう。

イスラエル考古学を学ぶうちに最も強く感じたことは、まさにこの文化や国家への感じ方の違いであった。

少し極端な例もあった。日本の発掘調査団がイスラエルで発掘調査を行なったときのことである。ある朝、一人のイスラエル人が気を利かせたつもりで遺跡のそばにイスラエルと日本の国旗を立てたのである。それを見た数人の日本人隊員は、あわててそれを引きずりおろした。彼らは必死に怒りを押さえようとしていた。「戦争を体験した我々の世代にはこれは見たくないものなんだ」。そのイスラエル人は当惑した顔で私に説明を求めた。「日本人の中には国旗や国歌を否定する人たちがたくさんいるのです。戦争の苦い経験があるのです」、と私は説明した。

「自分の国を愛せないなんて何て悲しいことなんだろう」

彼はそう言うと、二本の旗を下ろし、それは二度と掲げられることはなかった。

古代の子育てグッズ

――ジェンダー考古学という視点

男性優位の社会が作り上げた古代のイメージ

ある子育て本を目にしていると、あるカットに目がとまった。縄文時代の赤ん坊を背負った二人の女性の会話である。「近頃ようやく寝るようになったわ」「うちはまだまだ。寝不足だわ」。ほんのたわいない日常生活のひとこまであるはずなのに、これが縄文時代の風景であるというだけでとても新鮮に感じるのだ。なぜだろう。

近代科学は主として男性の研究者によって進められてきた。考古学もその例外ではない。最近では女性の研究者も増え、指導者的な立場にいる方々も多い。しかし、研究の視点に女性としての立場が含まれているものはまだまだ少ない。それは学問そのものが男性によってつくりあげられてきたからである。上に示した情景は、考古学に無関係な一人

アラッドの生活想像図

の女性が子育てという立場から素直に描いたものである。考古学の専門家であれば、例えそれが女性であっても伝統的な見方、つまり男性が作り上げた見方からなかなか逃れられず、こういった表現では描けない。

例えば考古学関係の博物館や資料館で古代の生活を大きな一枚のグラフィックパネルで示したものをよく見かける。そこには子供たちの様子が描かれているだろうか。女性の様子はどのように描かれているだろうか。猟や漁をする男たち、農作業に混じる女性、竪穴住居の中にはいろりの側で男女が食事をし、女が男に食事を盛りつける……。そういった様子がほとんどではないだろうか。子供が遊ぶ姿や、赤ん坊を背負った女性たちが立ち話をする姿などは全く描かれない。

なぜなら、古代の生活を復元してきたのは男性の研究者や、その視点に無意識に縛られてきた女性の研究者たちであるからである。

ジェンダー考古学

近年こういった見方に反省が加えられつつある。ジェンダー考古学という分野である。ジェンダーとは自然の性に対して社会的な性別を示す言葉である。この分野は、社会的な性差、言い換えれば男性優位の社会が歴史的に作られてきたものであるという立場から、男女の役割とその変遷について明らかにしていこうとするものである。

例えば、文明は定住生活や農耕の発明をきっかけに始まると言われる。それ以前に狩猟活動を通じて広い環境に関する知識を蓄えた男たちが、より高い生産性を追求することからこのような工夫をした、という説明がされる。しかし、ジェンダー考古学に関心を寄せる藤村淳子氏は子育て中の女性を中心に考え、別の可能性を模索している。すなわち、子育てと両立する仕事が土器づくりや植物の栽培であり、これが農耕の発明を促した。また、子を伴っての移動の不便さを避けるために定住が始まった。というのである。大変興味深い考えである。

社会全体の生産性を考える場合、子供をいかにうまく成長させるかということは重要である。特に乳幼児の死亡率が高かった古代においては社会の存亡に関わる重要事であっただろう。

子育てにポイントをおいて古代社会を考えることは、これまでの研究で見過ごされてきた大事な問題といえる。そして子育てにポイントをおく場合には女性の視点が欠かせない。近年、子育てにも男女が平等に関わろうとする風潮があるが、やはり妊娠、授乳といったプロセスを実際に踏むか踏まないかでは、基本的に関わる度合いが異なる。子育ての主役は母親であり、助けを必要とする場合に頼りになるのは家族やその他の女たちなのである。

母系社会と父系社会

そのような子育ての担い手を多く作り出すと思われる親族システムがあった。現在でもオーストラリアのアボリジニに見られる母系社会である。母系社会では母方の母親の兄弟の娘はすべて母親であるため、生物学上の母親以外に多くの社会的な母を持つことになるという。「これこそ子育てのために必要なのでは」と、子育て中の私は半ば羨ましく思ったものだ。

ちなみに、古代社会においても初期には母系社会が一般的であった。様々な地域に見られる女神や母神への信仰はこれを表しているとされる。しかし、いつのまにか社会は男性優位へと移行した。定住と農耕が進み余剰生産物が蓄えられると、それを基本に交易による財産の蓄積も進む。それと共に財産の私有化が進むと、今度は所有財産を一族のもとに継承したいという欲望が出てくる。母から娘へ、あるいは母の兄弟から息子へと継承者の範囲を広げてしまう母系制とは対照的に、父から長男へと継承者を限定する父系制は私有財産を占有するために都合の良いシステムであった。

中近東古代社会の多くがこのような経過をたどり、父系社会が一般的となっていった。妻は召使いや牝牛、ロバとともに夫の所有物の一つである（出エジプト記二〇・一七）。土地を相続するのは一般に長男であり、もしも息子がいなくて娘が相続する場合には、相続した土地が他に移転しないように娘たちを部族内の男性と結婚させるべし（民数記三六・六〜九）といった旧約聖書の記述は、ユダヤが父系社会の典型であることを示している。

ユダヤ民族の祖先であるアブラハムの一族は、カナンの地へ入る前の一時期ハランという所へ滞在した。ハラン付近にはヌジという遺跡があり、一九〇〇年代の前半に行なわれた調査によって約四〇〇〇枚の粘土版文書が明らかにされた。これらは極めて私的な契約書であり、当時の親族組織や様々な家族の経済関係を示している。この中の一枚は社会の父系制をよく示している。

それは、父の財産の継承者であることを示すテラフィムをそっと盗み出す女性の話である。テラフィムは継承権を象徴する像のようなものであったのだろうか。紀元前一五〇〇年頃にさかのぼるこの話は、ユダヤ教が成立するかなり以前にすでに社会が父系化していたことを示している。女性や母親の役割を中心にした視点は、この頃から失われつつあったのだろうか。

子育てグッズを探そう

しかし、母系、父系に関わらず、子供が古代社会において重要な存在であったことに変わりはない。女性たちは乳幼児の高い死亡率を上回るほど産み、できるだけ多くを育てあげねばならなかった。にもかかわらず、考古学的な調査において、子育てという視点はほとんど考慮されていない。それは、女性の考古学者が多く見られるイスラエルでも同様である。

子育てという観点から、あらためてイスラエル各地の遺跡から出土した考古資料を眺めてみよう。資料が実際にどのように使用されたかを考えるためには、その資料がどのような状況でどんな物と共に出土したかを観察しなければならない。しかし、ここではそうした正確な状況抜きに、道具として使えそうな子育てグッズを探してみたい。

すり石とすり鉢（離乳食作り？）、小型のカップとスプーン（幼児の食事用？）、小型の注口付き容器（離乳期の飲料用？）、尖底《せんてい》の容器（乳幼児が触れても容易に倒れないよう床に埋め込む？）、小型水差し付きの壺（浴室で乳幼児の身体を流すのに便利？）、小型の把手《とって》付き容器（ひもをとおして吊しておくと、乳幼児の手に触れず安全？）、こし器（幼児用ジュース絞り？）、織物（乳児用マット、乳幼児と共に移動するための紐や篭？）、新石器時代住居の広場（幼児の遊び場？　住居内は炉があるので危険）、新石器時代住居の中ほどに設けられた窪み（乳児が外に這い出さないためのベッド？）、鉄器時代の四部屋付き住居の中庭（子供の遊び場？　母親は柱で隔てた隣室で織物や土器造りをしながら子供を監視）、集会所（女たちが忙しいときの一時保育園？　産後の母親を女たちが交代で世話するための建物？）……等。

勝手な空想かもしれないが、実際に子育て中である私にはかなり現実感がある。そんなことを考えながら遺物や遺構を眺められるようになったのも、やんちゃな娘のおかげかもしれない。

ゲシアおばあちゃんのブドウ

——キブツ・エンゲヴとエンゲヴ遺跡

エンゲヴ再発掘

イスラエル北部にあるガリラヤ湖東岸のエンゲヴ遺跡の発掘調査が六年ぶりに再開された。一九九〇年から九二年に行なわれた調査では鉄器時代の城壁や列柱式建造物、そしてペルシャ時代からヘレニズム時代の住居跡が発見された。

その後研究費が途絶えていたが、一九九八年より新たな団長の元に（立教大学月本昭男教授）、文部省の援助を三年間得ることとなった。三年間といっても日本隊による調査の場合、夏休みの期間に合わせて、一期に約三週間ほどの調査期間しかない。約三〇名の学生、及び社会人ボランティアを導入しての集中的な発掘となった。

その夏のイスラエルはことさらに暑かった。なんでも三〇年来の暑さだそうで、ガリラヤ湖周辺の気温は連日のように四〇度前後にまで昇った。ティベリアで四五度を記録した日もあった。海抜マイナス約二〇〇メートルにあるガリラヤ湖地域は、湿度も高く、早朝からすでに不快指数は一〇〇%を越えるかのようであった。

このような中での発掘調査は過酷を極めた。暑さと疲労から寝込む者が続出した。軽い日射病である。幸い一日休養を取ると回復したが、二歳の娘を連れた私は気が気ではなかった。こんな所に幼児を連れてくるなんて、虐待と言われても仕方がないかもしれないと、つい自己嫌悪に陥ってしまう。

ゲシアおばあちゃん

「ゲシアおばあちゃんのブドウが欲しいの」。蒸し風呂のような発掘現場で娘はこうつぶやく。ゲシアは以前ご紹介したメンデル・ヌン氏の奥さんである。ヌン氏はミスター・キネレトとも呼ばれるガリラヤ湖の郷土史家で、発掘中我々親子はしばしばこの夫妻にお世話になった。

「調査中疲れたらいつでもいらっしゃい」。ゲシアはそう言って、自宅の冷蔵庫に牛乳とケーキ、そして薄緑色をした大粒のブドウをいつも用意していてくれた。娘はとりわけブドウが大好きで、皮ごと口にほおばってはカリカリとその果汁たっぷりの実を楽しんでい

ゲシア

た。

　しかし、調査中はなかなかヌン宅を訪問する時間も無い。そんな時、ゲシアはわざわざ遺跡までブドウを届けてくれた。ふんわりとした赤いギンガムチェックのサマードレスと手作りのビーズのネックレスが良く似合う色白のおばあちゃんである。娘は大喜び。遺跡のすぐそばにある芝生の木陰に、これもゲシアがどこかから調達してくれたベビーバスを置き、そこで水浴びをしながらブドウをほおばる。

キブツ・エンゲヴの歴史

　ゲシアがここへやってきたのは一九三九年である。当時彼女は二二歳。ラトヴィアの裕福な家庭に育った彼女はシオニズムの運動に傾倒し、両親の反対を押し切って単身でこのキブツへやってきた。過酷な労働と環境にもめげず、キブツの創設とイスラエルの建国のために身を捧げたのである。湖岸に据えられたいくつものテントが彼らの住処であった。

暑さと蚊の猛襲に耐え、聖書では不浄とされるナマズをも食糧としなければならないほどの貧しい生活。そんな生活の中で、彼女は一人の青年と恋に落ちた。キブツの中でも指導的な立場にあった美しい青年であった。そして彼らは結婚した。

キブツ・エンゲヴは一九三七年にガリラヤ湖東岸で最初のキブツとして建設された。ここは当初、英国委任統治下のパレスチナにあり、東へ一三キロメートルにある現在のシリアはフランスの統治下にあった。

以前、人々は周辺のアラブ人集落と良い関係を保っていたが、一九二〇年、国連決議によってパレスチナがユダヤ人とアラブ人に分割されてからはその関係は険悪なものとなった。一九四八年にイスラエルが独立すると、キブツ・エンゲヴはシリア軍の攻撃の的となった。まさに自分たちを撃つためにゴラン高原から下るシリア軍を見て、キブツの人々はどのような思いであっただろう。

キブツの女性と子どもたちは、前もってハイファとティベリアへ疎開していた。ゲシアもキブツへ夫を残し、後ろ髪をひかれる思いでハイファへ逃れた。彼女が子供を身ごもっていることに気付いたのはハイファに滞在中のことであった。待ちに待った妊娠である。一刻も早く夫に知らせようと彼女は手紙を書いた。夫はこの時をどれだけ待ち望んだことだろう。

夫の死の知らせがとどいたのはその翌日のことであった。シリアからの攻撃によってキブツの四人が亡くなった。不幸なことにその一人がゲシアの夫だったのである。

しかし、ゲシアは悲しみを乗り越えた。お腹にいた子供を産み育て、後にはちょっと気難しい、しかしウイットとユーモアに富んだ一人の漁師、メンデル・ヌン氏と再婚もした。その子は母に良く似た強く優しい女性に成長し、キブツの代表者の妻として今もキブツを支えている。

キブツの歴史を見守ってきた遺跡

我々が発掘を行なったエンゲヴ遺跡は、まさにこのキブツの中に立地している。キブツの創設者たちが最初の建物を建てようとその基礎工事を行なっているときに、遺跡が発見された。そして、シリア軍からの攻撃に際しては、遺跡の高まりを利用してその上に塹壕《ざんごう》が設けられた。

一九九〇年の発掘の際に、そのような塹壕の跡をいくつも発見したことを覚えている。そして、観光業がキブツの収入の六割を越える今日では、遺跡が重要な名所の一つとなっている。まさにエンゲヴ遺跡はキブツの歴史と共に存在してきたのである。

ここで、少しキブツの観光業についてお話しておこう。その始まりは湖岸の風光明媚な風景に刺激された音楽家たちがキブツでコンサートを開いたことをきっかけとする。その後毎年のようにコンサートが開かれ、アーサー・ルービンシュタイン、レオナード・バーンシュタイン、アイザック・スターンといった世界的な音楽家たちが演奏を披露した。

これをニュースで知り感動したアメリカ系ユダヤ人たちは、キブツに二二〇〇人収容できるコンサートホールを建設した。各地からやってくる観客のために湖岸には小さな食堂が建てられ、魚料理が出された。これが現在のエンゲヴ湖岸の港のそばに立つレストランである。

エンゲヴ遺跡

現在ではこのレストランの近くに美しいプロムナードが建設され、カフェや様々な店が立ち並ぶ。また、港からはティベリアに向けて古代の船を模した木造船が定期的に運航している。かつてはもっぱら鉄製の観光船が使われていたが、古代船の運航以来はこちらに人気が集中しているようである。また、汽車によるキブツツアーもある。キブツ各所を小さな汽車を走らせながらキブツの活動や歴史について紹介するツアーで、創設当時の防壁、昔の鰯缶詰工場の跡、バナナ畑や駝鳥《だちょう》の飼育場、ヌン氏が創設した漁労資料館、そして我々が発掘を行なったエンゲヴ遺跡、などといった所を約三〇分かけて見てまわる。

初めて汽車によるキブツツアーに参加し、キブツの歴史と遺跡を照らし合わせる内に、遺跡がキブツの人々にとっていかに重要なものであるかを感じた。

発掘調査では鉄器時代の列柱式建造物に関するより詳細な様子や、初期ヘレニズム時代の資料が明らかにされた。どちらもイスラエルの他の遺跡からはあまり例の無い重要な発見である。

こういった学術的な視点以外に、「発掘後の遺跡の整備についても考えなければならない。成果をごく一部の専門家のものとするのではなく、一般にも理解しやすい形で紹介することが重要である。また、発掘そのものについてもどこを残し公開するか念頭に置かねばならない。遺跡をキブツ・エンゲヴの、そしてガリラヤ湖東岸地域における観光の拠点とするための鍵は、発掘そのものを手がけている我々が握っているといってもよい。

発掘を終えて

一夏の発掘が終わり、キブツとの別れの日がやってきた。

「あなたたちが行ってしまうのは寂しいけれど、来月からは新しい生活が始まるからそんなことは言っていられないわ」とゲシアは言う。聞くと、近くの学校で演劇の勉強を始めるのだそうだ。学校までの送迎や授業料はキブツがまかなってくれるらしい。

「キブツを支えることは大変な重労働。だから、長年ここで奉仕してきた老人と将来を担う子供はとても気楽で良い暮らしができるの」

その待遇よりも、何歳になっても人生を楽しもうとするその気力と体力を羨ましく思った。これこそ彼女が苦難の道を乗り越えて得たものであろうか。

来年また会いましょうね。ゲシアは両手いっぱいのブドウを娘に持たせてくれた。

ところ変われば発掘道具も変わる
——共同調査の歩み

再発掘が行なわれているエンゲヴ遺跡の調査現場は今日も暑い。この蒸し暑さの中で地面を掘り、その土を一輪車で捨てにいく。山盛りに乗せると二〇キログらいにはなるだろう。何度も遺跡と捨て場を行き来すると、全身シャワーを浴びたように汗まみれになる。一人の学生ボランティアがつぶやいた。「どうしてここではベルトコンベアーを使わないんだろう」

彼女は日本で発掘を経験したことがある。日本の遺跡では、土を捨てる際しばしばベルトコンベアが使われるのだ。しかし、イスラエルの発掘現場ではそのようなことはない。その理由は土壌の違いにある。

日本の湿った粘着質の土壌には適した道具だが、イスラエルの乾いた土壌をベルトコンベアに乗せると、恐らく遺跡の周辺が土埃で真っ白に煙ってしまうだろう。石灰岩が浸食した細かく白い土壌は、まるで粗く挽《ひ》いた小麦粉のように軽く乾いているのだ。

ベルトコンベアだけではない。土を掘る道具そのものも日本の発掘道具とは異なる。日本の考古学を経験した人から見るといかにも使い勝手の悪そうなものである。しかし、乾いた土と石製の建造物を相手にするイスラエルの遺跡では、それらが威力を発揮する。発掘道具の違いは風土の違いでもあるのだ。

道具

パレスチナ考古学をルーツとする日本考古学

道具を追求する日本考古学には、技術の正確さが第一に求められるという背景がある。これは現在のイスラエルで採用されている方法とは若干異なる。しかし、もともとの日本考古学はパレスチナ考古学をルーツとしていた。

浜田耕作

それは、一九二五年に原田淑人らと東亜考古学会を設立し、国内外にわたって広く考古学に寄与した浜田耕作と近代パレスチナ考古学の創設者ともいえるフリンダース・ペトリーとの出会いに始まる。一九一二年、浜田が三一歳の時であった。もともと西洋美術史の出身であった浜田は考古学の方法論を学ぶためペトリーのもとで修行をした。

その内容は、遺跡の測量方法を中心とする技術中心のものであった。厳しい訓練の後、浜田は考古学の技術者となり、これを後の日本考古学を担う研究者となる梅原末治や小林行雄に受け継いだのである。この結果、日本考古学は遺跡を解釈することよりも遺跡を記述するための技術を重んじるものとなっていった。さらに、日本の技術はその後、正確さをより重視するものとなった。それは、木造建築の伝統に従って特殊化したためであった。

一方、イスラエルの考古学における測量技術は、ペトリーの後にイスラエル考古学の第一世代の一人であるドナイェフスキーに継承された。これはイスラエル全体の風土、すなわち石の文化に適した方法で、木造建築ほどの正確さは必要とせず、その構造を読みとることに重点を置くものであった。日本の考古学者からみると、なんていい加減な、と言われかねないような調査もしばしばイスラエルには見られるだろう。しかし、それは、石造りの建造物を中心としたイスラエルの風土に合った方法なのである。

データ管理の違い

イスラエルと日本では、発掘後のデータ管理にも違いが見られる。

イスラエルではこれらの情報管理にコンピュータがいち早く導入された。このことはイスラエルが単に新しい技術について関心が高いということを意味するだけではない。イスラエル考古学に用いられているデータが記号化され、他の多くの人々とコンピュータを介して共有されるほど基準化されているということである。

これは、パレスチナ考古学に貢献したもう一人の人物、米国シカゴ出身のG・A・ライスナーによる功績である。彼は一九〇八年から一一年にかけてC・S・フィッシャーと共にサマリアを発掘した際、出土資料の整理に商業的方法を導入した。つまり、ファイリングシステムの確立である。このことによって、コンピュータ化の基礎が成立していたわけである。こうして基準化されたイスラエル各地における発掘の成果は、今日すべてエルサレムの考古局に集められている。そして比較研究のための便利な資料となっている。

これに対して、日本におけるファイリングシステムの利用は一九五〇年代に入ってからと、比較的遅い。しかも、このような形式はすぐには研究者たちになじまなかったようで、日本の考古学データは、今日にいたるまで個人的な表現が多く、基準化されていないものが多い。したがって、コンピュータ化されにくい。日本人の考古学者が機械を使い慣れていなかったのではなく、データの表現方法そのものがコンピュータ化されにくい性質を持っているわけである。

共同調査の難しさ

異なる国が共同調査を行なう場合、人の考え方の違いだけでなくその方法の違いがしばしば衝突の原因となる。道具が旧式である、実測の仕方が不充分である、基準化してしまうと、一部の情報しか記録されない、日本人考古学者がイスラエルの発掘調査に参加すると、そのような批判をしがちである。しかし、そういった手法的な違いは実は風土に基づくものである。つまり、文化だけでなく風土が摩擦を起こす原因となるのである。

日本とイスラエルの考古学的な共同調査が始められてすでに三〇年以上になる。その間にはこういった様々な行き違いがあったと大阪府立弥生博物館の金関恕館長は語る。

同氏は元聖書考古学発掘調査団団長であり、日本とイスラエルの最初の共同調査であ

発掘隊メンバー。後列右より２人目がコハビ教授。
その斜め右前が金関教授。後列左より３人目が筆者。

るテル・ゼロール発掘以来の経験と実績をお持ちである。わざわざ日本から発掘道具を持ってきたが、固くしまった細かな土壌には歯がたたなかった、日本の発掘技術を披露するチャンスとばかりに非常に正確な遺跡実測図を作製したが、かえって他の遺跡と比較するのに都合が悪く、失敗した、そういった経験を苦い思い出として語ってくれた。「ですから、エンゲヴ共同調査の団長には、私のように我を張らない柔らかいパーソナリティの人間が選ばれたんですよ」

他国のやり方に柔軟に対応できることが団長として最も必要とされたということであろう。

同じことはイスラエル側にも言える。テル・ゼロールの発掘が計画された一九六〇年代半ば、テルアビブ大学の考古学研究所を創設したアハロニ教授は、日本隊の世話役として当時まだ若かったモシェ・コハビを選んだ。彼の穏やかで忍耐強い性格が見込まれたのであろう。しかし、コハビ教授にとっては寝耳に水であった。

「どうして僕が？　という気持ちだったよ。でも、アハロニ教授の命令ということで従わざるをえなかった」

想像したとおり、二国間共同作業は容易な事ではなかった。「一番理解できなかったのは、日本隊の組織だった」。当時の日本隊は伝統的な縦社会を反映したもので、特に隊長の命令についてはプライベートな面にいたるまで絶対の権力をもっていたという。「まるで、他の隊員は奴隷のようにこきつかわれていたよ。イスラエルでは実力のある者が力を発揮し、他の者はこれに従う。しかし、それはあくまでも理にかなったやり方であり、研究以外のすべての面において暴君として振る舞えるということではないんだ」

研究という場では年齢や経験の差を問わず自由な発想、発言をすべしという、極めて健全な考え方をするイスラエル人研究者にとって、日本人のこうした態度は理解しがたく、また、不快なものであっただろう。

異なる環境の中で日本人は次第にストレスを増し、また、相変わらずイスラエル人側はこうした日本の組織とどうかかわって良いのか理解できないでいた。「ある日、発掘現場から帰ってきた夫は、『だめだ、もうこれ以上続けられない』って叫んだわ」。コハビ教授の奥さんも、そうつけ加えた。

しかし、結局、彼はその後、長きにわたって日本隊のパートナーで居続けた。現在にいたるまで、こうした日本との共同チームは他に確立されていない。それは、コハビ教授のようなパーソナリティを持つ研究者を見つけることが容易ではないためであろう。彼を抜擢したアハロニ教授の読みは正しかったようだ。


このように、日本とイスラエルの共同調査の歴史は、妥協点を見いだしながらの忍耐強い作業の連続であった。しかし、その中で互いの長所も見いだすことができた。

その一つが、日本でも近年発見されることの多い大型遺跡の発掘に活用されている。きっかけとなったのは池上曽根遺跡という大型遺跡であった。ここでは、遺跡のどこを掘れば、時間と労力を惜しみながら最大の情報が得られるかという、まさにイスラエルのテルの調査方法が採用された。それを最初に助言したのは、他ならぬ金関氏であった。

共同調査の苦労がこうして目に見えぬ所で実を結んでいる。

愛しのペラ

——ある女性考古学者の横顔

Pirhiya Beck (1931-98)

ペラは女性の名前であるピルヒヤの愛称である。花を意味するその名前はまさに、彼女にふさわしかった。ピルヒヤ・ベック、彼女は建国後のイスラエル考古学を支えてきた重要な研究者の一人である。テルアビブ大学考古学研究所教授として、美術史や土器の型式学について長く教鞭をとり、一九九八年九月で退官を予定していた。

「ようやく自由になれるわ。そしたら、妹と一緒に琵琶湖を訪ねるつもりよ」

久しぶりにイスラエルの発掘現場で会った彼女

は、元気にそう話していた。美しく気高いその姿は、乾いた発掘現場に咲いた一輪の薔薇の花のようであった。

薔薇が突然散ったのは、その三週間後であった。持病のために新たに医師が処方した薬を飲んだ直後気分が悪くなり、彼女は自分で救急車を呼んだ。すぐに病院へ運ばれたが、まもなく亡くなったという。一生独身を通した彼女は、死ぬときもまた独りで逝ってしまった。遺体はその後、姪が引き取った。

学問に対する厳しさ

ピルヒヤ・ベックは、かつてのイェール大学で魔女の異名をもっていたポラダ女史の指導のもとで円筒印章の研究を行ない、博士号を取得した。その後イスラエルへ帰国し、美術史の専門家としてのみならず、持ち前の美的センスを生かして出土物の型式学についても研究を積み重ねていった。

パレスチナ考古学の土器編年のバイブルともなっている"*Ancient Pottery of the Holy Land*"（聖地の古代土器）は、ヘブライ大学教授ルート・アミラン教授が彼女とウジ・ゼヴルンの助けを借りながら記した名著である。

ポラダの厳しい指導を受けた彼女は、その後も研究に対して極めて厳しい姿勢をもち続けた。大風呂敷を広げるタイプではなく、自らの分野で着実な成果をあげる研究者であった。また、膨大な知識を積み重ねているにも関わらず、少しでもあやふやなことについてはいい加減な答えを一切しなかった。ほんの小さな土器片の同定にも全力を傾け、明らかにわかる事以外は口にしない人であった。それだけに、彼女の意見にはすべての人が耳を傾けた。

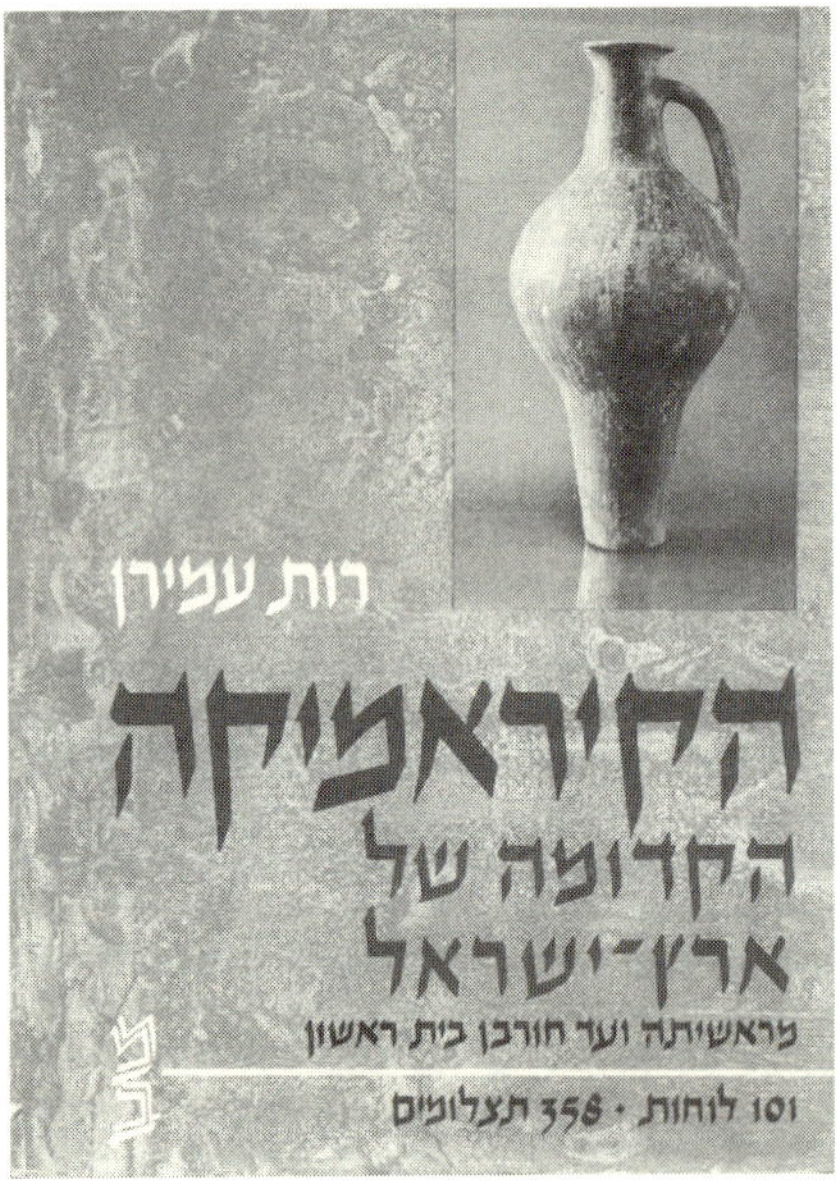

『聖地の古代土器』の表紙

教師としても彼女は厳しかった。テルアビブ大学における彼女は、皮肉なことに、魔女という恩師同様の異名を引き継いでしまったようである。前もって指示された参考資料を読んでこなかった学生に対しては、教室から出るよう冷たく言い渡した。成績につける点数が辛いことでも有名であった。定期試験では最初に新しいノートを一冊づつ配られ、別に問題が五問ほど渡された。そのノートに知っていることをすべて書けと言うわけである。時間無制限の辛い試験であった。その後、実技試験となる。一人づつ部屋に通される。そこには様々な時代に属する土器がいくつも並べられ、中央にベック教授が待ちかまえている。それらの土器の時代や歴史的背景について質問が出される。彼女の冷ややかな眼差しに、思わず口元が震えてしまう。

二種類の試験を終えた私は日本では感じたことのない疲労感を覚えたものだ。後日、教室の前に張り出された試験結果を、私は緊張のあまり見ることができないでいた。

「どうして言わなかったんだ？　A＋なんてすごいじゃないか？　しかも、あのピルヒヤから取ったんだぞ。これはすごいことだ」

試験の後しばらくして、同じくテルアビブ大学のコハビ教授に奨学金用の推薦状を書いていただこうとお願いした時のことである。普段の生活ですでに既知の間柄となっていたコハビ教授であるが、推薦状となるとそれなりの資料が必要だと言われた。

日本では、多くの場合、指導教授というだけで、成績内容にはあまり関係なく、比較的簡単に推薦状を書いてもらえる。この時、あらためてイスラエルの学問の厳しさを教えられた。コハビ教授は、その資料とするために、私の試験結果を調べたのだ。「あのピルヒヤから」というところを彼は強調し、すばらしい推薦状を書いてくれた。

優しさと可愛らしさ

ペラは、私にとっては常に怖い威厳ある女性であった。その大きな身体をキャンパスで見かけると、つい緊張した。しかし、そのうち、彼女の優しく可愛い人柄に惹かれるようになった。初めて彼女の家に食事に招待されたとき、見よう見まねで作ったという味噌汁が用意されていた。魔女と恐れられる彼女が一瞬母親のように思えた。また、私が日本へ帰る日には小さなポシェットをプレゼントしてくれた。そのポシェットを私の母はとても気に入った。残念なことに、そのポシェットは神戸の震災で母と共になくなってしまったが。

学問には厳しく、しかし、その人柄は優しく可愛らしいペラには、家族同然の仲間がいた。それは、発掘調査をする際のチームである。イスラエルの考古学は、遺物や遺構の登録や測量や実測といった作業はすべて分業化されていることを以前に述べた（「ところかわれば考古学者もかわる」の章）。通常は、一つの遺跡において、それぞれの役割を分担する気の合った仲間たちと共同作業を行なう。

ペラが共に調査を行なったのは、隊長のモシェ・コハビ、測量技師のユディット・デケルとギル・コボ、スーパーバイザーのエステル・ヤディン等である。彼女の役割は、勿論、出土物の同定であった。調査が成功するか否かは、このグループ作りがうまくいくかどうかにかかっているといっても過言ではない。彼らのチームは約三〇年にわたって共に活動し、公私にわたって親交を深めていった。発掘キャンプの夕方のひととき、リラックスした仲間たちがお菓子やワインを片手になごんでいた様子を思い出す。相変わらず真面目な顔で冗談をとばすペラに、涙をこぼさんばかりに笑い転げる仲間たちであった。

残された課題

実は、モシェ・コハビとピルヒヤ・ベックを中心とするこのチームこそが、一九六〇年代から続く日本隊のイスラエルにおける発掘調査に協力してきたのだ。異質な文化をもつ発掘チームと共同調査を行なうについては、大きな苦労があったらしい。もはやこれまで、と、匙《さじ》を投げかけたこともあったようだ。しかし、彼らの地道な努力と日本隊の熱意によって、これまで着実に成果をあげてきた。互いの理解も深まった。

隊長のコハビ教授はすでに退官し、それまで一〇年間にわたってガリラヤ湖東岸地域で行なってきたゲシュルの地考古調査プロジェクトもひとまず終わりを迎えた。とはいえ、「考古学調査は最後の数時間に重要なものが発見される」という言葉どおり、このプロジェクトに含まれる遺跡の一つから重要な発見がされ、その後も規模を縮小して調査が続けられていた。

また、エンゲヴ遺跡も日本隊が文部省からの科学研究費を受けたことで、発掘再開が実現した。こういった調査からの出土土器の分析はピルヒヤの腕にかかっていた。彼女が亡くなってしまった今、とりあえずは他の研究者に協力をあおがねばなるまい。しかし、新しい研究者を含めても、新たにチーム組み直すことは容易ではないだろう。

彼女ほどの見識と資料を読みとる能力を有する研究者は数少ない。その意味で、彼女の不在はこれからのイスラエル考古学における大きな痛手となるだろう。さらに、コハビ教授の発掘チームにとっては、精神上の、そして研究史上のひとつの区切りを、そして日本隊とイスラエルの新たな関係の構築を迫るものとなろう。

あまりにも突然に散ってしまった一本の薔薇のまわりで、残された者たちは与えられた課題の大きさに、ただ立ち尽くすばかりである。

《完》

あとがき

私が中近東に興味をもったのはまだ幼かった頃である。

父が貿易を営んでいたこともあって、中近東諸国に出張することが多く、帰国するたびに聞かせてくれる珍しい土産話に耳を傾けた。たいていは父が興味をもっていたエジプトのピラミッドやミイラといった遠い昔の遺産や、食いしん坊の父らしく食事文化のあれこれであった。また、産油国の贅を尽くした生活についても話してくれた。

「でも一方でね、今でもこのあたりの普通の人たちは昔と同じやり方で日干し煉瓦を作って、家を作ったりしているんだよ」

そんな話に興味津々だった私は、一緒に連れていってくれるよう散々ねだったが、「仕事の邪魔」と叶えてもらえなかった。その間にも興味は高まる一方で、いつの頃からか大きくなったら考古学者になりたい、日本とは違う世界を見てみたい、と考えるようになった。

大学時代の恩師、小川英雄先生との出会いは、そんな夢を現実のものとするための第一歩となった。やがて、イスラエルの遺跡を発掘する機会が訪れ、国内外の数多くの人々との交流が始まった。

イスラエルとの縁は偶然であったが、ユダヤの人と文化に触れ、また歴史を知る機会を得たことは、私にとって大変な幸運だったと思う。なぜなら、キリスト教やイスラム教の文化の根源でもあるユダヤを知ることが世界を知ることになり、比較という観点からある意味これらの対極にあるかもしれない日本を知ることにつながるからである。

あたかもばらばらのルービックキューブがカチャカチャと回り始め、いくつもの面が揃うように、それまでの世界情勢に関する断片的な情報が全体像としての形を見せ始めた。また、自分自身が生まれ育ってきたこの国についてもよりよく理解できてきた。

一九九一年に勃発した湾岸戦争をテルアビブで経験した私が、スカッドミサイルの攻撃を受けたこと以上にショックだったのは、臨時便で帰国した直後に見た梅の花真っ盛りの平和な日本であった。同じ地球上でどうしてこれだけ違う状況に遭遇する人々が存在するのだろう。そんな疑問が自分自身を見つめる良いきっかけになった。

一方で、その後就職する機会を得た琵琶湖では、それまで発掘調査をしていたキネレト湖と同じような風景が湖辺で繰り広げられる様子を見て、不思議な一体感を感じることができた。人間をつなぐもの、遠ざけるもの、それらは、国家、民族、宗教、そうしたもの以前の基層部分にあるような気がしている。そんな漠然とした思いを、生活の中のちょっとした出来事から表現したい、そう思いながら書き綴ったのが、本書のもとになったエッセイである。

一九九四年から「月刊みるとす」に連載した当時は編集部のミルトスの多々良さんにお世話になり、また今回は河合一充社長のご好意によって、それらを一冊の本に仕上げていただいた。編集部の谷内意咲さんにもお世話になり、このような貴重な機会を頂いたことに心より感謝したい。

平成十九年二月　春を待つ琵琶湖のほとりにて

牧野久実

● 著者紹介

牧野久実（まきのくみ）

神戸市出身。慶応義塾大学文学部史学科卒業、同大学院文学研究科民族学考古学専攻修士課程修了、同博士課程中退、テルアビブ大学考古学研究所留学、国立民族学博物館外来研究員、滋賀県立琵琶湖博物館専門学芸員を経て、2007年より鎌倉女子大学児童学部教育学科准教授。博士（史学）。専攻は民族学・考古学。イスラエルでは、テル・ハダール、テル・アフェック、ラウィヤ、テル・カブリ、テル・ナミ、エンゲヴの発掘調査に参加。

論文に「古典時代のキンネレット湖における湖上輸送～琵琶湖研究の成果を参考に」（史学、三田史学会、東京）他多数。翻訳に『聖書の世界の考古学』A. Mazar 著（リトン刊、共訳）他。

● 装丁　根本真一

イスラエル考古学の魅力

2007年5月15日　初版発行
2009年9月　9日　2刷発行

著　者　牧　野　久　実
発行者　河　合　一　充
発行所　株式会社　ミ　ル　ト　ス

〒102-0073　東京都千代田区九段北1-10-5
九段桜ビル 2F
TEL 03-3288-2200　FAX 03-3288-2225
振　替　口　座　00140-0-134058
HP: http://myrtos.co.jp　✉pub@myrtos.co.jp

印刷・製本　モリモト印刷　Printed in Japan　ISBN978-4-89586-027-7 C0022 ¥1500E
定価はカバーに表示してあります。

ヘブライ語聖書対訳シリーズ

★「ヘブライ語聖書対訳シリーズ」とは、旧約聖書を４５巻に分け、ヘブライ語原文から日本語に逐語訳する、日本で唯一の画期的シリーズで、大変好評をいただいています。

★どんな名訳と言われる翻訳でも伝わりにくい、原典の微妙なニュアンスに触れ、味わうことができます。

★カナ表記による発音表示、文法解説、脚注などにより、ヘブライ語初学者にも利用しやすくなっています。

頁見本【士師記1章1節】

וַיִּשְׁאֲלוּ	יְהוֹשֻׁעַ	מוֹת	אַחֲרֵי	וַיְהִי	1
ーるアュシイァヴ たね尋てしそ 複男3未パ・倒	アュシホェイ のアュシヨ 男固	トッモ 死 連単男	ーレはア 後の 前	ーヒェイァヴ に～てしそ 単男3未パ・倒	
לָּנוּ	יַעֲלֶה־	מִי	לֵאמֹר	בַּיהוָה	יִשְׂרָאֵל
ヌーら の達私 尾・前	ーれアヤ る上 単男3未パ	ーミ か～が誰 疑	ルーモれ てっ言と 不パ・前	イナドバ に主 固・前	るエラスイ のルエラスイ 固

ミルトス・ヘブライ文化研究所［編］
定価：¥2,039 ～ ¥2,940（税込）

※既刊本の在庫については、ミルトスまでお尋ねください。

※姉妹品「ヘブライ語聖書朗読ＣＤシリーズ」（各 ¥2,625）もあります。

ユダヤ人はなぜ迫害されたか

D・プレガー
J・テルシュキン
松宮克昌 訳

この問いに対して様々な理由が挙げられるが、真因はユダヤ教自体に対する反発であることを、あらゆる時代の様々な例を挙げて説明。　二九四〇円

ユダヤ人の歴史

M・ディモント
平野和子・
河合一充 訳

世界中に離散したユダヤ人が出会った諸文明の挑戦と応戦とを、三幕仕立てのドラマ構成で描く。歴史の潮流を見極めるため必読の文明論。　三一五〇円

イスラエル永遠のこだま

A・J・ヘシェル
石谷尚子 訳

現代の偉大なユダヤ思想家ヘシェル博士がユダヤ民族の過去、現在、未来をエルサレムを中心に叙事詩風に語る歴史と宗教の珠玉の随想集。　一八三五円

テロリズムとはこう戦え

B・ネタニヤフ
高城恭子 訳

落合信彦・推薦「今日の世界の指導者の中でテロリズムと現場で戦った経験者はネタニヤフだけであろう。それだけに本書は説得力がある」　一四七〇円

やさしいユダヤ教Ｑ＆Ａ

ミルトス
編集部 編

ユダヤ人の一生、宗教生活、祝祭日等、生活の中のユダヤ教をＱ＆Ａ形式で解説。その起源と意味また現在どのように守られているかも紹介。　二一〇〇円